El arte de leer
Español
Interacción

BASE
EDITORIAL

LÍNGUA ESTRANGEIRA MODERNA – ESPANHOL

volume **2**

DEISE CRISTINA DE LIMA PICANÇO
Professora de Metodologia e Prática de Ensino de LEM na UFPR.
Doutora em Estudos Linguísticos pela UFPR (2006).

TERUMI KOTO BONNET VILLALBA
Professora de Língua e Literatura Espanhola na UFPR.
Doutora em Estudos da Linguagem pela UFRGS (2002).

Ilustrações: Carlos Cesar Salvadori e Silmara Takazaki Egg

ENSINO MÉDIO

2ª edição – Curitiba, 2010

Dados internacionais da catalogação na publicação
Bibliotecária responsável: Mara Rejane Vicente Teixeira

Picanço, Deise Cristina de Lima.
    El arte de leer español : língua estrangeira moderna : espanhol, volume
2 : ensino médio / Deise Cristina de Lima Picanço, Terumi Koto Bonnet Villalba
; ilustrações: Carlos Cesar Salvadori e Silmara Takazaki Egg. - Curitiba, PR :
Base Editorial, 2010.
    128 p. : il. ; 28 cm.

    ISBN 978-85-7905-487-7
    Inclui bibliografia.

1. Língua espanhola – Estudo e ensino. I. Villalba, Terumi Koto Bonnet. II. Título.

                                        CDD (22ª ed.)
                                        468.24

IMPRESSO NO BRASIL
Depósito legal na Biblioteca Nacional

Direção Editorial
Oralda Adur de Souza

Coordenação Editorial
Carina Adur de Souza
Marcos Vinicius Lobo Leomil

Coordenação Pedagógica
Eloiza Jaguelte Silva

Iconografia
Osmarina Ferreira Tosta
Abner Reni Pereira Lobo (estagiário)
Amanda Calixto de Castro (estagiária)

Apoio Técnico
Mayara Nobuei Segantini (estagiária)

Revisão
Terumi Koto Bonnet Villalba
Nilza A. Silva Mazzaro

Projeto Gráfico e Diagramação
Labores Graphici
Zerodois Comunicação

Capa
Labores Graphici
Zerodois Comunicação

Ilustrações
Carlos Cesar Salvadori
Silmara Takazaki Egg

Finalização
Janaina Claudino Silva (estagiária)
José Cabral Lima Júnior
Maximiliano Ernesto Poerner

Impressão e acabamento
Gráfica Bandeirantes

BASE EDITORIAL LTDA.
Rua Antônio Martin de Araújo, 343 – Jardim Botânico – CEP 80210-050
Curitiba – PR – Tel.: (41) 3264-4114 – Fax: 3264-8471
e-mail: baseeditora@baseeditora.com.br
www.baseeditora.com.br

Presentación

Estimado alumno:

Ofrecer el estudio de una lengua como el español no es solamente seguir una tendencia internacional de valoración del idioma. Es más: significa oportunizar la participación en una sociedad que se organiza cada día más en torno a la información de calidad y la capacidad del individuo de establecer interacciones cada vez más rápidas y con un universo de personas cada vez mayor.

Consecuentemente, en el área de las lenguas extranjeras, esas preocupaciones se suman a los debates de los últimos años sobre las concepciones de lenguaje, los procesos de interacción socioverbal y los intentos de renovación en las prácticas de enseñanza. Por eso, proponer un material centrado en la lectura no significa olvidar la importancia de las demás formas de comunicación (orales o escritas), sino buscar establecer objetivamente hasta dónde podemos llegar y de dónde debemos partir. Es en ese sentido, y a partir de ese contexto, con la intención de poder contribuir con los debates actuales sobre la enseñanza de las lenguas extranjeras, que estamos ofreciendo a nuestros alumnos una alternativa para el estudio de la lengua española en la Enseñanza Media.

Al incluir temas que tienen relación con los cambios que sufre la sociedad *midiática* actual, busca tangenciar las disciplinas y los contenidos propios de esa fase de la enseñanza, como Sociología, Biología, Salud, Ecología, Tecnología, además de la Geografía, la Historia y la Literatura, sin obviamente, profundizarlos mucho. Nuestra idea, más que presentar un panorama de la cultura hispánica, es poner al alumno en contacto con temas comunes a su entorno – escolar o no –, buscando alargar su comprensión de mundo y de sí mismo.

Además de ofrecer un rol variado de asuntos temáticos, buscamos presentar, juntamente con el estudio de los textos, algunas reflexiones sobre aspectos lingüísticos con el objeto de sistematizar ese conocimiento o aprimorar la intuición del alumno acerca de la lengua.

Por último, una palabrita sobre la forma de trabajar este material. En varios momentos se prevén tareas en equipo de tres o cuatro compañeros. Eso se debe a la noción de que el conocimiento se debe socializar y de que se construye colectivamente, en un proceso en que cada uno debe aportar su colaboración sea con informaciones ya conocidas, sea con las nuevas buscadas para ese fin.

La práctica de reunir los conocimientos, discutirlos y seleccionar los necesarios para cada actividad propuesta implica realizar los tres objetivos básicos de la educación en el contexto brasileño: respetar distintas opiniones, crear la competencia investigativa y desarrollar la autonomía de aprendizaje.

Las Autoras

Sumario

PORTINARI, Candido. **Descobrimento**. 1956. Óleo sobre lienzo.
Dim. 199 cm x 169 cm (Rio de Janeiro).

América... América

América... América

Formación de identidad híbrida

¿Con qué sentimientos e ideas aguardarían los nativos americanos la llegada de los españoles en el cuadro de Portinari?

¿Por qué Portinari pintaría de azul al niño que está de espaldas a las embarcaciones?

El cuadro se titula "Descobrimento" (Descubrimiento). Según tú, ¿quién descubre a quién?

¡MIRA!

Según la historia oficial, Cristóbal Colón (1451-1506) descubrió América el 12 de octubre de 1492. ¿Sabes cómo era?

G. Imagens

Cristóbal Colón.
GHIRLANDAIO, Ridolfo. **Retrato póstumo de Cristovão Colombo**. Séc. XVI. Biblioteca Nacional de Lisboa (Portugal).

El misterioso Cristóbal Colón

Sobre el descubridor de América se ha dicho y escrito mucho; sin embargo, su vida y su personalidad siguen siendo un misterio para el hombre actual. De hecho, por no saber, desconocemos hasta su apariencia física, ya que ninguno de los retratos que se conservan de él es auténtico. Hernando Colón, hijo del Almirante, le describe con estas palabras:

> *Fue el Almirante hombre de bien formada y más que mediana estatura; la cara larga, las mejillas poco altas; sin declinar a gordo o macilento; la nariz aquileña; los ojos garzos (azules); la color (de la piel) blanca, de rojo encendido; en su mocedad tuvo el cabello rubio, pero de treinta años ya lo tenía blanco. En el comer y beber y en el adorno de su persona era muy modesto y continente; afable en la conversación con los extraños, y con los de su casa muy agradable, con modesta y suave gravedad* (Hernando Colón, *Historia del Almirante*, 1537-1539).

Su complicada psicología también se nos escapa. Algunos investigadores ven en Colón a un místico, un soñador que se creía el elegido de Dios para liberar Jerusalén de los turcos; otros, en cambio, le consideran un simple marino orgulloso, inculto y mentiroso, en suma, un "embaucador" que se las ingenió para engañar a Isabel de Castilla con bonitas palabras. Sea como fuere, lo único cierto del asunto parece ser que nos encontramos ante un hombre de carácter fuerte, tenaz, astuto y autodidacta, pues todos los contemporáneos están de acuerdo en señalar que don Cristóbal tenía una gran inteligencia natural, pero pocos estudios.

VÁZQUEZ, Germán; MARTÍNEZ DÍAZ, Nelson. **Historia de América Latina**. Madrid: SGEL, 1990.

¡ACÉRCATE!

1. ¿Por qué no coincide la descripción de Colón que hace su hijo con el retrato de la página anterior?

    _____

2. Apunta las características psicológicas de Colón, destacando la diferencia de opiniones de los estudiosos.

    _____

    _____

3. Explica qué quieren decir los autores del texto con la frase "un 'embaucador' que se las ingenió para engañar a Isabel de Castilla con bonitas palabras".

    _____

    _____

4. ¿Cómo pueden afirmar los estudiosos contemporáneos que Colón era muy inteligente?

    _____

    _____

¡DALE!

En equipos:

1. Busquen en una enciclopedia, o un libro de historia, o en Internet, datos sobre los viajes que hizo Colón a América. Organícenlos cronológicamente, destacando y explicando cómo a cada viaje fue perdiendo prestigio ante la Corona española.

2. ¿América o Colombia? Averigüen por qué Américo Vespucio mereció ser homenajeado al denominarse América la tierra descubierta por su amigo Cristóbal Colón.

Américo Vespucio

ANOTACIONES

_____

_____

_____

_____

_____

_____

_____

¡OJO!

Observen:

a) "Sobre el descubridor de América **se ha dicho y escrito** mucho."

b) Sobre el descubridor de América **ha sido dicho y escrito** mucho.

c) Los investigadores **han dicho y escrito** mucho sobre el descubridor de América.

En la frase a), el uso del pronombre personal "se" oculta la figura del sujeto que hace la afirmación, destacando el hecho de decirse y escribirse mucho sobre el descubridor de América.

En la frase b), también se oculta la figura del sujeto y se destaca el hecho de decirse y escribirse mucho sobre el descubridor de América, pero se expresa por medio de la voz pasiva "verbo 'ser' + verbo principal en participio".

— **En español es muy común usarse la primera forma, principalmente en el lenguaje coloquial.**

En la frase c), se destaca quiénes han dicho y escrito mucho sobre el descubridor de América.

AHORA TÚ... ● ● ● ● ● ● ● ● ·

1. Explica cuál es la diferencia entre las frases a) y b):

a) Se han conservado muchos retratos de Colón.

b) Han sido conservados muchos retratos de Colón.

_____

_____

_____

a) A Colón se le describe como un hombre inteligente.

b) Colón es descrito como un hombre inteligente.

_____

_____

_____

a) Se descubrió América en 1492.

b) América fue descubierta en 1492.

_____

_____

_____

a) Los Reyes Católicos aprobaron el nombre de Américo Vespucio para acompañar a Colón.

b) Se aprobó el nombre de Américo Vespucio para acompañar a Colón.

_____

_____

_____

¡MIRA!

¿Fue Colón un loco al atreverse a un viaje en cuyo éxito pocos creían?

¿Cómo te imaginas la llegada de Colón a la tierra firme tras tantos meses de navegación, un viaje que estuvo plagado de dificultades e incertidumbres?

Colón

Cae de rodillas, llora, besa el suelo. Avanza, tambaleándose porque lleva más de un mes durmiendo poco o nada, y a golpes de espada derriba unos ramajes.

Después, alza el estandarte. Hincado, ojos al cielo, pronuncia tres veces los nombres de Isabel y Fernando. A su lado, el escribano Rodrigo de Escobedo, hombre de letra lenta, levanta el acta.

Todo pertenece, desde hoy, a esos reyes lejanos: el mar de corales, las arenas, las rocas verdísimas de musgo, los bosques, los papagayos y estos hombres de piel de laurel que no conocen todavía la ropa, la culpa ni el dinero y que contemplan, aturdidos, la escena.

Luis de Torres traduce al hebreo las preguntas de Cristóbal Colón:

– ¿Conocéis vosotros el Reino del Gran Kahn? ¿De dónde viene el oro que lleváis colgado de las narices y las orejas?

Los hombres desnudos lo miran, boquiabiertos, y el intérprete prueba suerte con el idioma caldeo, que algo conoce:

– ¿Oro? ¿Templos? ¿Palacios? ¿Rey de reyes? ¿Oro?

Y luego intenta la lengua arábiga, lo poco que sabe:

– ¿Japón? ¿China? ¿Oro?

El intérprete se disculpa ante Colón en la lengua de Castilla. Colón maldice en genovés, y arroja al suelo sus cartas credenciales, escritas en latín y dirigidas al Gran Kahn. Los hombres desnudos asisten a la cólera del forastero de pelo rojo y piel cruda, que viste capa de terciopelo y ropas de mucho lucimiento.

Pronto se correrá la voz por las islas:

– *¡Vengan a ver a los hombres que llegaron del cielo! ¡Tráiganles de comer y de beber!*

GALEANO, Eduardo. **Memoria del fuego** 1. Los nacimientos. Madrid: Siglo XXI, 1984.

¡ACÉRCATE!

1. ¿Quiénes son Isabel y Fernando? ¿Por qué repite Colón tres veces sus nombres?

   _____

   _____

2. ¿Por qué el intérprete de Colón no consiguió comunicarse con los nativos americanos?

   _____

3. ¿Qué son cartas credenciales? ¿Por qué Colón las traía a América?

   _____

   _____

4. ¿Por qué destaca el autor del texto que los nativos no conocían la ropa, la culpa ni el dinero?

_____

_____

5. Busca en el diccionario el significado de "hincado". Reescribe la frase abajo, sustituyendo esa palabra por un sinónimo.

"Hincado, ojos al cielo, pronuncia tres veces los nombres de Isabel y Fernando."

_____

_____

6. En equipos:

Averigüen por qué dicen los nativos: "*¡Vengan a ver a los hombres que llegaron del cielo!*", relacionándolo con el mito de Quetzalcóatl, el dios supremo de los aztecas.

_____

_____

_____

_____

_____

_____

¡DALE!

1. Lean el texto abajo, teniendo en cuenta la profecía común entre los aztecas, mayas e incas de que sus dioses volverían a estar con el pueblo.

O conceito quéchua da Conquista

Os quéchuas, da mesma forma que seus irmãos astecas e os povos maias das terras altas da Guatemala, pensaram a princípio que os estranhos homens barbudos que chegavam em sua terra eram os deuses que regressavam. Viam neles o legendário Huiracocha e seus acompanhantes. Mas, ainda que durante muitos anos os espanhóis fossem chamados de "huiracochas", na realidade bem logo se descobriu o erro inicial.

São os cronistas indígenas do Peru que, talvez para dissipar o primeiro engano, insistem mais em descrever a cobiça e a sede de ouro dos estranhos forasteiros. Assim Guamán Poma escreve a respeito deles: "De dia e de noite, entre sonhos, todos diziam: 'Índias, Índias, ouro, prata, ouro, prata, do Peru...'" E acrescenta: "Continua até agora igual desejo de ouro e prata e se matam os espanhóis e desterram os pobres dos índios, e por ouro e prata já ficam despovoados partes deste reino, as aldeias dos pobres índios, por ouro e prata..."

LEÓN-PORTILLA, Miguel. **A conquista da América Latina vista pelos índios**.
Relatos astecas, maias e incas, 1987, p. 99.

2. Con ayuda de su profesor de Historia averigüen:

   a) ¿Qué significa "huiracocha"?

   b) ¿Por qué los españoles fueron confundidos con huiracochas?

   c) ¿En qué parte de América vivían los quéchuas?

3. Lean el texto abajo sobre la recepción de los aztecas a los conquistadores españoles y averigüen:

Moctezuma ha enviado grandes ofrendas de oro al dios Quetzalcóatl, cascos llenos de polvo de oro, ánades de oro, perros de oro, tigres de oro, collares y varas y arcos y flechas de oro, pero cuanto más oro come el dios, más oro quiere; y ansioso avanza hacia Tenochtitlán. Marcha entre los grandes volcanes y tras él vienen otros dioses barbudos. De las manos de los invasores brotan truenos que aturden y fuegos que matan.

GALEANO, Eduardo. **Memoria del fuego** 1. Los nacimientos.

Montezuma les da la bienvenida y ofrece regalos a Hernán Cortés luego de su entrada triunfal en Tenochtitlán (Museo de América, Madrid – España). Pintura sobre cuero del final del siglo XVIII.

- Según los textos de G. Galeano y de M. León-Portilla, ¿cuál sería el principal objetivo de la expedición española a América?

- ¿Qué otros intereses tenía España al enviar a América tantas expediciones de conquista?

- Con ayuda de su profesor, dicutan qué significan en este contexto las siguientes expresiones:

  - dioses barbudos;

  - grandes volcanes;

  - brotan truenos que aturden;

  - fuegos que matan.

4. En equipos

Stock Xchng

Pirámide azteca, Sta Cecilia.
Acatitlán, México.

Equipo A:

Organicen un póster con los siguientes datos sobre los aztecas:
- su situación geográfica;
- su organización social y política;
- su religión;
- sus costumbres y fiestas;
- sus monumentos.

Pirámide Maya, Chichen Itzá, en Mexico.

Ruina de la civilización inca en Machu Pichu (Peru).

Equipo B:

Organicen un póster con los siguientes datos sobre los mayas:
- su situación geográfica;
- su organización social y política;
- su religión;
- sus costumbres y fiestas;
- sus monumentos.

Equipo C:

Organicen un póster con los siguientes datos sobre los incas:
- su situación geográfica;
- su organización social y política;
- su religión;
- sus costumbres y fiestas;
- sus monumentos.

Equipo D:

Organicen un póster con los siguientes datos sobre el legado de los aztecas, mayas e incas:
- el legado lingüístico;
- el legado cultural (leyendas, costumbres, fiestas, comida, creencias, etc.).

Equipo E:

Organicen un póster con informaciones sobre Chilam Balam, uno de los libros mayas de profecía:
- ¿Qué significan 'Chilam' y 'Balam'?
- ¿Quiénes los escribieron? ¿Cuándo fueron escritos?
- La profecía abajo se entiende como la previsión de la llegada de los españoles a Yucatán:

Ai! Entristeçamo-nos porque chegaram!
Do oriente vieram,
quando chegaram a esta terra os barbudos,
os mensageiros do sinal da divindade,
os estrangeiros da terra,
os homens ruivos...

LEÓN-PORTILLA, M. **A conquista da América Latina vista pelos índios**. Relatos astecas, maias e incas, 1987, p. 61.

Busquen otros ejemplos y coméntenlos brevemente.

ANOTACIONES

La Malinche ¿Creadora o traidora?

¿Conoces la historia de la india Malinche (1500-1529), madre de dos hijos mestizos, que puede ser considerada la creadora de la nación mexicana o traidora de los aztecas?

¡MIRA!

 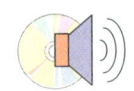

Una de las figuras más polémicas de la conquista española es la mujer conocida como La Malinche o Doña Marina, quien ejemplifica la importancia de los intérpretes en el curso de la historia. De familia noble, la Malinche fue esclavizada, se convirtió en intérprete y en la persona de confianza del explorador español Hernán Cortés, a quien dio un hijo. Algunos la ven como traidora de los aztecas, mientras que otros la consideran la madre de los mexicanos.

Marina nació en una familia noble en la provincia de Paynalla en Coatzacoalcos, en la región de Veracruz al sur de México. Cuando su padre murió, su madre se volvió a casar y dio a luz a un varón. Aunque Marina era la primogénita y heredera legítima, su madre y su padrastro favorecieron al nuevo bebé. Y para que el nuevo vástago fuera heredero único, su madre la regaló o la vendió como esclava y la declaró muerta.

MARQUARDT, Rosario. **La Malinche**. 1992. Óleo pastel sobre papel. Dim. 43 cm x 58,5 cm. Colección del artista.

Antes de convertirse en propiedad del cacique de Tabasco, Marina viajó en cautiverio desde su región natal de habla náhuatl a las regiones de habla maya en Yucatán, donde aprendió dicha lengua. Durante esa época, Hernán Cortés había llegado desde Cuba a la costa de Tabasco con su intérprete, Jerónimo de Aguilar, quien había aprendido el maya después de naufragar, ser esclavizado por los mayas de Yucatán y posteriormente rescatado por los españoles.

Habiendo tomado la decisión de buscar favores de los españoles en lugar de pelear con ellos, los mayas les ofrecieron alimento, vestido, oro y esclavos, incluso a 20 mujeres. Aguilar, quien también se había ordenado como sacerdote, además de servir como intérprete ayudó en la conversión de los mayas. Las mujeres, Marina entre ellas, fueron bautizadas en marzo de 1519.

Cortés obsequió las mujeres bautizadas a sus militares y Marina estuvo destinada primero a Alonso Hernández de Puertocarrero; luego regresó un mes después a donde Cortés. Casi de inmediato empezó a trabajar con Aguilar como intérprete. Cuando Cortés llegó a las regiones de habla náhuatl, ella interpretaba entre el náhuatl y el maya para Aguilar, quien lo interpretaba para el español.

Marina rápidamente amplió sus conocimientos lingüísticos al aprender español o castellano. Se ganó la confianza de Cortés, se convirtió en su secretaria y después en su querida, y hasta llegó a darle un hijo. A Cortés se le ofrecían a menudo otras mujeres, pero él siempre las rechazaba, demostrando así su respeto y cariño por Marina. En una carta escribió, "Después de Dios, le debemos la conquista de la Nueva España a Doña Marina".

W.commons

Hernán Cortés.

Los historiadores no consideran a Marina la responsable del éxito de la conquista española. El apetito de los españoles por el oro, la epidemia de la viruela y, por supuesto, su superioridad militar fueron factores primordiales. Sin embargo, sus habilidades para servir de intérprete jugaron un papel enorme. Se tiene certeza de que ella facilitó la comunicación entre Cortés y varios de los líderes indígenas de la antigua América, entre quienes fueron claves los tlaxcaltecas, pues estaban a la búsqueda de aliados en contra de los aztecas debido a sus brutales exigencias de sacrificio humano y tributo.

Aunque algunos la consideran una traidora, muchas chicanas consideran a La Malinche una preponderante figura histórica, cuya denigración y difamación de carácter tiene paralelos con su situación actual. Ella fue repudiada por su gente y no debía lealtad a los otros poderes mesoamericanos. Y aprovechó sus facultades lingüísticas para asegurar su propia posición social. Pero hay evidencia certera de que, una vez que se alineó con la causa española, fue totalmente leal a Cortés, a pesar de las múltiples oportunidades que tuvo para traicionarlo, a medida que la intrincada historia de la conquista se desenvolvía.

Después de la conquista, Cortés, quien ya tenía una esposa en España, demostró su respeto por Marina al concertarle un matrimonio con Don Juan Jaramillo, un teniente de Castilla. Aunque Marina fue apenas una de las mujeres indígenas que tuvo hijos de padres españoles, es la más destacada, y el hijo que tuvo con Cortés, Don Martín Cortés, fue el primer mestizo de relevancia histórica. Marina también tuvo una hija de su esposo, llamada Doña María. Como la madre de un hijo y una hija de dos razas, con la misma sangre mestiza que corre por las venas de la mayoría de los mexicanos, a Doña Marina se le puede reconocer legítimamente como la madre de la nación mexicana.

Disponible en: <http://www.tihof.org/honors/malinche-esp.htm>

¡ACÉRCATE!

Contesta:

1. ¿Por qué La Malinche retratada por Rosario Marquardt tiene dos caras? ¿Qué significa el lagarto que lleva en sus manos?

_____

_____

2. ¿Por qué la madre de Marina abandonó a su propia hija?

_____

_____

3. ¿Cómo llegó Marina a ser propiedad de Jerónimo de Aguilar?

_____

_____

4. Teniendo en cuenta que Hernán Cortés fue uno de los temidos conquistadores de América Central, ¿por qué los mayas le ofrecieron regalos a su llegada?

_____

_____

_____

5. Hay una divergencia de opiniones sobre el papel de Malinche en la conquista americana entre Cortés y los historiadores. Apúntala y explícala.

_____

_____

_____

6. Según el texto, Marina/Malinche "ejemplifica la importancia de los intérpretes en el curso de la historia". Explícalo.

_____

_____

_____

¡DALE!

En grupos:

1. En el mapa de México abajo, marquen los lugares mencionados en el texto para hacer un recorrido por la biografía de Marina.

Fonte: Adaptado do ATLAS geográfico escolar, Rio de Janeiro: IBGE, 2002. p.43.

2. Organícense en dos grupos: un equipo defenderá a Marina como la creadora de la nación mexicana; el otro, la acusará como traidora de los aztecas.

Para hacer este ejercicio, deben releer el texto con atención y buscar más datos en internet o enciclopedias para organizar buenos argumentos de defensa o acusación.

3. Lean la sección "Para curiosear" y explica por qué se conoce a Marina como La Malinche. Consulten también el diccionario para explicar qué significa "correveidile" del segundo texto y justifiquen por qué llamaban así a Malinche.

ANOTACIONES

Para curiosear

01. ¿Qué hay detrás de un nombre?

La mujer llamada "la lengua de Cortés" o su intérprete, al nacer fue llamada Malinalli (el nombre en náhuatl para uno de los 20 días del mes mexicatl, así como para un tipo de hierba que sirve para elaborar cuerdas). También se le llamaba Malinalli Tenépal. La palabra náhuatl 'tenépal' significa "persona que tiene facilidad de palabra, que habla mucho y con animación".

A la hora de bautizarla, un cura español le dio el nombre de Marina. El homónimo del nombre español, Malina, se convirtió en Malintzin (el sufijo náhuatl "-tzin" denota respeto. Cortés era conocido como Malintzin-é, porque los indígenas no podían pronunciar bien la 'r' española, de manera que Cortés y Malintzin eran conocidos por casi el mismo nombre. Luego, al tratar de pronunciar este nombre náhuatl, los españoles cambiaron el sonido suave de tzin a la 'ch' española y el resultado fue Malinche.

En la actualidad, los mexicanos de habla hispana usan la palabra "malinchista" para referirse a "alguien que prefiere las cosas extranjeras", y, para muchos, la palabra "Malinche" es sinónimo de "traidor".

Disponible en: <http://www.tihof.org/honors/malinche-esp.htm>

La enigmática Malinche

1523
Painala

La Malinche

De Cortés ha tenido un hijo y para Cortés ha abierto las puertas de un imperio. Ha sido su sombra y vigía, intérprete, consejera, correveidile y amante todo a lo largo de la conquista de México; y continúa cabalgando a su lado.

Pasa por Painala vestida de española, paños, sedas, rasos, y al principio nadie reconoce a la florida señora que viene con los nuevos amos.

Cuando la madre descubre quién es la que ha llegado de visita a Painala, se arroja a sus pies y se baña en lágrimas suplicando perdón. La Malinche detiene la lloradera con un gesto, levanta a su madre por los hombros, la abraza y le cuelga al cuello los collares que lleva puestos. Después, monta a caballo y sigue su camino junto a los españoles.

OROZCO, José Clemente. **Cortés y Malinche**. Mural en la pared de la Universidad Ildefonso. (Detalle). (México).

No necesita odiar a su madre. Desde que los señores de Yucatán la regalaron a Hernán Cortés, hace cuatro años, la Malinche ha tenido tiempo de vengarse. La deuda está pagada: los mexicanos se inclinan y tiemblan al verla venir. Basta una mirada de sus ojos negros para que un príncipe cuelgue de la horca. Su sombra planeará, más allá de la muerte, sobre la gran Tenochtitlán que ella tanto ayudó a derrotar y a humillar, y su fantasma de pelo suelto y túnica flotante seguirá metiendo miedo, por siempre jamás, desde los bosques y las grutas de Chapultepec.

GALEANO, Eduardo. **Memoria del fuego I. Los nacimientos**. Madrid: Siglo XXI de España, 1984.

¡MIRA!

¿Sabías que antes de la llegada de los españoles, un lusobrasileño había estado en el Imperio Inca?

Más sorprendente aún: ¡había un camino indígena que comunicaba la actual Santa Catarina al actual Peru!

A Saga de Aleixo Garcia

A SAGA DE ALEIXO GARCIA
O Descobridor do Império Inca

Os feitos do desconhecido "brasileiro"
que, no século 16, atravessou toda
a América do Sul, alcançou a grande
civilização peruana antes dos espanhóis
e virou um mito latino-americano

Rosana Bond

Éste es Aleixo Garcia, el português que naufragó en la costa de Santa Catarina y pasó a vivir con sus salvadores cariós. Se casó con una nativa de quien tuvo por lo menos un hijo, Aleixo Garcia Filho.

A descoberta dos Incas

Aleixo, levado pelos cariós de Santa Catarina, descobre a civilização incaica sete anos antes dos espanhóis. "... Ao cabo de muitas jornadas chegaram a reconhecer as serranias do Peru...achando algumas povoações de índios vassalos do poderoso Inca, rei de todo aquele reino..."

A inusitada caravana com destino ao El Dorado, formada por Aleixo Garcia, seus quatro companheiros náufragos e uma multidão de indígenas cariós, com suas mulheres e crianças, — o numeroso grupo foi dimensionado em 400 pessoas por historiadores paraguaios, de acordo com o *site* oficial do governo daquele país na Internet — partiu da Ilha de Santa Catarina numa data situada entre 1522 e 1523. A tropa foi multiplicada adiante, ao chegar no Paraguai (Itatim), somando um total impressionante de 2 mil pessoas, como já se disse na primeira edição deste livro. [...]

A presença de mulheres e crianças cariós pôde ser deduzida por um fato ocorrido muitos anos depois. Na década de 1540, o governador do Paraguai, Alvar Nuñez Cabeza de Vaca, tentando seguir as pegadas de Aleixo Garcia rumo às riquezas do Peru, deparou-se, no Paraguai, com um grupo de guaranis que afirmava não se recordar do caminho de Aleixo ao Oeste porque eram muito pequenos quando eles e seus parentes penetraram terra adentro em busca dos índios que possuíam ouro e prata.

A expedição de Aleixo Garcia, saindo de Meiembipe através do caminho de Peabirú, dirigiu-se ao litoral norte de Santa Catarina, chegando à altura da atual cidade catarinense de Barra Velha e penetrando no interior pelo rio Itapocu — o local exato, a foz do Itapocu, pertence hoje ao citado município litorâneo. [...]

Embora a única referência explícita da crônica espanhola e portuguesa do século 16 a respeito do caminho dos índios (Peabirú) em Santa Catarina seja o rio Itapocu, acreditamos que o caminho se iniciava mais ao sul. Conjeturamos que a atual Florianópolis, a área do Massiambu e talvez até Laguna tenham possuído pedaços dessa trilha. [...]

Sérgio Buarque de Holanda diz claramente que o porto dos Patos (região da Ilha de Santa Catarina) e o Viaçá (Massiambu/Laguna) estavam entre os possíveis pontos de ligação com o continente pela via peabiruana.

Efetivamente, há uma certa lógica em questionar-se o seguinte: se a crônica quinhentista diz que os guaranis da Ilha de Santa Catarina (e provavelmente também os que residiam no Massiambu) eram os que praticavam o Peabirú, guiando homens brancos ao Paraguai e ao Peru, por que esse caminho começaria apenas na atual Barra Velha e não na área da capital e suas redondezas? [...]

O trecho entre a Ilha de Santa Catarina e o Itapocu, muitas vezes, era feito por via marítima, como foi o caso de Cabeza de Vaca, em 1541. Ele saiu da atual Florianópolis por mar, desembarcou no Itapocu e através deste rio penetrou no interior.

Não se pode descartar a existência, porém, no trecho Meiembipe-Itapocu, de uma via terrestre (Peabirú), que seria utilizada quando a navegação costeira não fosse propícia. [...] O padre Tarcísio Marchiori confirma que os índios, para se deslocarem da Ilha de Santa Catarina para o litoral norte, viajavam muitas vezes por terra. Diz que andavam beirando o mar. Quando um penhasco íngreme surgia pela frente entravam pela floresta, indo sair além, na praia seguinte.

Mas esse caminho praiano era o Peabirú?

Nada impede que sim. A via peabiruana visava à facilidade de locomoção, não importando se esta se dava através de matas, serras, pântanos, terrenos pedregosos ou areais. Não importava se era uma trilha gramada, ou calçadas com pedras ou simplesmente marcada com estacas, diz Hernani Donato.

BOND, Rosana. **A saga de Aleixo Garcia**. O descobridor do Império Inca. 2004, p.91-94. Adaptado.

¡ACÉRCATE!

Según el texto, señala las afirmaciones correctas:

( ) No hay pruebas suficientes para demostrar por donde pasaba el camino Peabirú.

( ) Según Hernani Donato, Peabirú era un camino del interior.

( ) Aleixo Garcia siguió el camino Peabirú, orientado por los cariós, hasta llegar al actual Peru.

( ) Pese a la escasez de documentos, Rosana Bond cree que el camino Peabirú comenzaba en el actual municipio de Barra Velha.

( ) Incluso Cabeza de Vaca llegó a usar el camino de Peabirú siguiendo los pasos de Aleixo Garcia.

( ) Cuando Cabeza de Vaca indagó a los guaraníes paraguayos sobre el camino de Peabirú, éstos le contestaron que no se acordaban.

1. Justifica tus respuestas.

_____

_____

_____

_____

_____

_____

2. Observa abajo el mapa de América del Sur (sur de Brasil, Paraguay, Bolivia y Peru). Pinta el probable camino de Peabirú, según las informaciones del texto.

Fonte: Base cartográfica adaptado do Atlas Geográfico Escolar, Rio de Janeiro: IBGE, 2002.

¡DALE!

1. Busca más informaciones sobre la expedición de Aleixo García.

   a) ¿Consiguió las riquezas que buscaba?

   b) ¿Cómo fue la vuelta?

2. Con ayuda de tu profesor de Historia, busca más datos sobre el camino de Peabirú.

   a) ¿Existe todavía?

   b) ¿Quiénes aprovecharon ese camino después de los indios?

ANOTACIONES

La relación Norte y Sur

Y algunos siglos después...

Nueva York – Estados Unidos.

Rio de Janeiro – Brasil.

1901 / Nueva York

Esta es América, y al sur la nada

Andrew Carnegie vende, en 250 millones de dólares, el monopolio del acero. Lo compra el banquero John Pierpoint Morgan, dueño de la General Electric, y así funda la United States Steel Corporation. Fiebre del consumo, vértigo del dinero cayendo en cascadas desde lo alto de los rascacielos: los Estados Unidos pertenecen a los monopolios, y los monopolios a un puñado de hombres, pero multitudes de obreros acuden desde Europa, año tras año, llamados por la sirenas de las fábricas, y durmiendo en cubierta sueñan que se harán millonarios no bien salten sobre los muelles de Nueva York. En la edad industrial, Eldorado está en los Estados Unidos; y los Estados Unidos son América.

Al sur, la otra América Latina ya ni balbucea su propio nombre. Un informe recién publicado revela que *todos* los países de esta sub-América tienen tratados comerciales con los Estados Unidos, Inglaterra, Francia y Alemania, pero *ninguno* los tiene con sus vecinos. América Latina es un archipiélago de patrias bobas, organizadas para el desvínculo y entrenadas para desamarse.

GALEANO, Eduardo. **Memoria del Fuego 3**. El siglo del viento.

¡ACÉRCATE!

1. ¿Por qué multitudes de obreros europeos emigran a los Estados Unidos?

2. ¿A qué Eldorado se refiere Galeano?

3. ¿Qué quiere decir "sub-América"?

4. ¿Por qué afirma el autor que "América Latina es un archipiélago de patrias bobas"?

5. Comenta la ironía del título, explicando por qué al sur de América no hay nada.

6. ¿Qué expresiones traducen la opulencia de los Estados Unidos?

¡DALE!

En equipos de 3 ó 4 compañeros.

1. Discute con tus compañeros la relación entre "brasileño", "hispanoamericano" y "latinoamericano".

2. ¿En qué contexto se puede afirmar que el brasileño es también latinoamericano? ¿Hay alguna connotación negativa en la palabra "latinoamericano"?

3. ¿Qué opinas sobre la denominación "americano" referente sólo a los norteamericanos?

4. Aparte de los portugueses y españoles, ¿qué otro pueblo de origen latino colonizó una parte del continente americano? ¿Cuáles son esos países?

5. ¿Cuáles son los países del Mercosur?

6. En equipo: busquen datos sobre Argentina, Uruguay, Paraguay y Brasil, teniendo en cuenta sus puntos turísticos, sus tradiciones y fiestas, su gastronomía y su música típica.

7. Organicen las respuestas de forma objetiva para la presentación en clase.

ANOTACIONES

_____

_____

_____

_____

_____

_____

_____

¡OJO!

Observa:

"Andrew Carnegie vende, en 250 millones de dólares, el monopolio del acero. **Lo** compra el banquero John Pierpoint Morgan."

El pronombre personal "lo", en negrita, se refiere al "monopolio".

"todos los países de esta sub-América tienen tratados comerciales con los Estados Unidos, Inglaterra, Francia y Alemania, pero ninguno **los** tiene con sus vecinos."

El pronombre personal "los", en negrita, se refiere a los "tratados comerciales".

Los Estados Unidos pertenecen **a los monopolios**.

Es posible sustituir "a los monopolios" por el pronombre personal "les": Los Estados Unidos les pertenecen.

AHORA TÚ...

1. Completa los huecos con los pronombres personales correspondientes que están en el recuadro:

lo – la – los – las – le – les

- Las sirenas de las fábricas _____ llaman (a los obreros europeos).
- John Pierpoint Morgan _____ funda (la United States Steel Corporation).
- La otra América ya ni _____ balbucea (su propio nombre).
- Europa _____ envía a los Estados Unidos (a sus obreros).
- Los Estados Unidos _____ exhiben (sus riquezas)

2. Reescribe las frases abajo sustituyendo las expresiones subrayadas por uno de los pronombres del recuadro anterior.

- Los Estados Unidos pertenecen **a un puñado de hombres**.

_____

_____

- Un informe reciente revela que todos los países tienen **tratados comerciales** con Estados Unidos.

_____

_____

- Eldorado está en los Estados Unidos. **Eso** pensaban los obreros europeos.

_____

_____

¡Mira!

Comunidades improvisadas por la distancia y el presupuesto

Los grupos se forman para abaratar costos o sacar adelante en compañía la aventura de la adaptación.

La casa de la playa

Son cinco argentinos a los que la vida juntó en una habitación de South Beach, curiosamente todos hinchas de River. Horacio, Daniel, El Oso y dos Claudios fueron llegando a Miami desde el año pasado y se conocieron en "el banana" (el Banana Bungalow), un hotel barato. Tienen entre

Miami – Estados Unidos.

23 y 40 años y entre ellos hay un veterano de Malvinas y un actor. La mayoría dejó ex mujeres e hijos detrás y coinciden en que lo que más se extraña son los afectos. Armaron el departamento con muebles que encontraron en la calle, incluyendo un televisor que no miran nunca. Y lo que el fútbol no separó, ni tampoco la política – "no queremos saber nada del riesgo país", dicen a coro –, lo logró la eterna división porteños vs. provincianos, que numéricamente favorece a los primeros y deja a los dos cordobeses puteando bajito. Trabajan en la construcción o en la cocina de restaurantes, y aseguran que las cosas no son tan idílicas como se las pintaban antes de salir. Les preocupa no tener seguro médico, pero aseguran que les preocupa más no tener futuro, como en la Argentina. Por eso ninguno, salvo el ex combatiente, planea regresar a la Argentina.

Revista Viva, Buenos Aires: Clarín, ago. 2001.

¡ACÉRCATE!

1. Explica qué entiendes por "todos hinchas de River" y "veterano de Malvinas" y "lo que más se extraña son los afectos".

2. ¿Qué entiendes por "puteando bajito"?

3. ¿Si sienten sactisfechos los cincos argentinos en Miami? ¿Por qué?

4. ¿Por lo que dice el texto, ¿cuáles son los motivos que hacen a las personas dejar a sus familias y su país en búsqueda del "sueño americano"?

 ¡MIRA!

1984 / Población Violeta Parra

El nombre robado

La dictadura del general Pinochet cambió los nombres de veinte poblaciones del pobrerío, casas de lata y cartón, en las afueras de Santiago de Chile. En el rebautizo, la población Violeta Parra recibió el nombre de algún militar heroico. Pero sus habitantes se niegan a llevar ese nombre no elegido: ellos se llaman Violeta Parra, o nada.

Hace tiempo, en unánime asamblea, habían decidido llamarse como aquella campesina cantora, de voz gastadita, que en sus peleonas canciones supo celebrar los misterios de Chile.

Violeta era pecante y picante, amiga del guitarreo y del converse y del enamore, y por bailar y payasear se le quemaban las empanadas. *Gracias a la vida, que me ha dado tanto*, cantó en su última canción: y un revolcón de amor la arrojó a la muerte.

GALEANO, Eduardo. **Memoria del fuego 3**. El siglo del viento.

 ¡ACÉRCATE!

1. Explica por qué a la población Violeta Parra le cambiaron el nombre.

_____

_____

_____

_____

_____

2. ¿Qué significa "amiga del guitarreo y del converse y del enamore"?

_____

_____

3. Observa el sufijo de "peleonas" (pelea + ona). ¿Qué significan "pelea" y "peleonas"?

_____

_____

4. En este contexto, ¿qué quiere decir "sus peleonas canciones"?

_____

5. ¿Qué sugiere Galeano con el juego de palabras "pecante y picante" al referirse a Violeta Parra?

_____

_____

¡DALE!

1. ¿Quién es Violeta Parra?

2. ¿Quién interpretó y popularizó la canción "Gracias a la vida"?

3. Averigua si hay calles o ciudades brasileñas que cambiaron el nombre durante la dictadura militar.

4. Revisa tus conocimientos sobre la dictadura militar en Chile y selecciona las siguientes informaciones: el inicio, las causas y las consecuencias.

5. Lee el texto abajo y explica qué significam los grafitis que con humor crítico revelan algunos aspectos/problemas de la vida actual del pueblo hispanoamericano.

Violeta Parra.

Dicen las paredes/2

En Buenos Aires, en el puente de La Boca:
Todos prometen y nadie cumple. Vote por nadie.

En Caracas, en tiempos de crisis, a la entrada de uno de los barrios más pobres:
Bienvenida, clase media.

En Bogotá, a la vuelta de la Universidad Nacional:
Dios vive.

Y debajo, con otra letra:
De puro milagro.

Y también en Bogotá:
¡Proletarios de todos los países, uníos!

Y debajo, con otra letra:
(Último aviso).

GALEANO, Eduardo. **El libro de los abrazos**. Buenos Aires: Catálogos S.R.L., 2004.

6. Reúnete con dos o tres compañeros para crear una pancarta/póster con un grafiti que haga reír y pensar.

- Seleccionen el tema.
- Piensen en una frase que refleje un aspecto de la realidad social que quieren criticar.
- Creen el diseño apropiado, con o sin figuras ilustrativas.
- Cuelguen la pancarta/póster en el mural del colegio.

Afonso Lima/Stock.Xchng

ANOTACIONES

 ¡MIRA!

A cada día más latinoamericanos cruzan la frontera e invaden los Estados Unidos. ¿Cómo ven los americanos esta ola de migración que está cambiando su realidad socioeconómica y cultural?

A continuación tienes cuatro fragmentos de una presentación técnica (reseña) sobre una obra escrita por un profesor norteamericano.

EL CATOBLEPAS

revista crítica del presente

El Catoblepas • número 33 • noviembre 2004 • página 24

L i b r o s

Nuevo choque:
la amenaza de la inmigración mexicana

Julián Arroyo Pomeda

Sobre el libro de Samuel P. Huntington, ¿Quiénes somos? Los desafíos a la identidad nacional estadounidense, traducción de A. Santos Mosquena, Paidós, Barcelona 2004, 488 páginas

1. Se trata de un libro polémico y provocador, por excelência. Sin embargo, tiene el cuño de un maduro profesor de la Universidad de Harvard, que enseña "sobre la identidad nacional estadounidense" (pág. 15) y, consiguientemente, está muy bien concebido, así como expuesto con una claridad y estilo admirables. Para su investigación histórico-cultural ha contado con lo que denomina el "equipo del libro" (pág. 16). Datos, documentos, ficheros, material informático, cifras, referencias bibliográficas..., todo le ha sido proporcionado a Huntington, que lo agradece expresamente en las primeras páginas. La maestría está en redactar todo esto de una forma muy literaria y comprensible, nada "académica" (ni siquiera las numerosas notas aparecen al pie de página, sino que se recogen al final para no interrrumpir el hilo conductor de lectura).

2. La identidad nacional estadounidense (¿Quiénes somos?) se concreta en la fórmula WASP, es decir, blancos, anglosajones y cristiano-protestantes. Éste es su genotipo. De tales características nace una cultura común expresada en principios políticos democráticos y en una ética propia del protestantismo norteamericano, que afirma el individualismo, la libertad de religión y opinión y el trabajo ("la religión de Estados Unidos ha sido la del trabajo", pág. 97). Este núcleo cultural es el que ha conformado el Credo americano, es decir, su identidad. En la actualidad, el lugar, la raza y la etnia importan poco, porque Estados Unidos es una sociedad multiétnica y multirracial. "Los diversos Estados Unidos raciales y étnicos pasaron a la historia" (pág. 34). Lo que queda es el componente cultural y religioso, que, si desapareciera, arrastraría también a la identidad nacional y éste es el grave problema.

NYT/The New York Times/Latinstock

3. Huntington es consciente de que el problema más grave no es el de la inmigración en sí, sino el de su integración en la sociedad a la que vienen a vivir los inmigrantes. Él lo denomina "asimilación": " ¿Hasta qué punto seguirán estos inmigrantes, los que vengan a partir de ahora y sus descendientes la senda de los inmigrantes precedentes y se asimilarán con éxito a la sociedad y la cultura norteamericanas, convirtiéndose en estadounidenses comprometidos que renuncian a otras identidades nacionales y se adhieren de pensamiento y obra a los principios del Credo americano?" (pág. 213). El aumento de la inmigración a países

occidentales es un hecho innegable, mientras que la asimilación de los que llegan no cuenta con igual grado de éxito. Parece que los inmigrantes se traen consigo su propia cultura y sus instituciones, lo que puede implicar una importante perturbación.

Sucede lo anterior con la inmigración hispana, especialmente la mexicana, constituyendo así una fortísima amenaza para el núcleo cultural norteamericano: "La inmigración mexicana no tiene precedentes en la historia estadounidense" (pág. 260). Se caracteriza por los seis factores siguientes: contigüidad, número (ya son más de 35 millones), ilegalidad, concentración regional, persistencia y presencia histórica.

No asimilan los mexicanos ni la lengua, ni la educación, ni la ciudadanía, ni la identidad, entre otros elementos. Tienen mayor número de hijos, que siguen proclamando ser latinos, incluso aunque no hablen español. Resulta el colectivo más difícil porque pueden llegar a formar un grupo autónomo al estilo de Miami, cuya hispanización "no tiene precedentes en la historia de las principales ciudades estadounidenses" (pág. 288). Huntington se pregunta si éste será también el futuro de Los Ángeles y el Suroeste. Si esto sucediera, entonces Estados Unidos se convertiría en un país con "dos lenguas, dos culturas y dos pueblos" (pág.297).

Disponible en: <http://www.nodulo.org/ec/2004/n033p24.htm>

¡ACÉRCATE!

1. Contextualiza el texto, explicando dónde fue publicado, sobre qué trata, quién comenta el libro de Samuel P. Huntington, cómo se titula su libro en inglés y en español, quién lo tradujo al español y dónde y cuándo salió publicada la traducción.

    _____

    _____

    _____

2. ¿A qué se refiere la indicación de páginas a lo largo del texto, como en "sobre la identidad nacional estadounidense" (pág. 15)?

    _____

    _____

    _____

3. Según Pomeda, ¿en qué se nota que la obra de Huntington es un libro bien escrito?

    _____

    _____

4. Al escribir la reseña, Pomeda introduce muchas citas, como "La inmigración mexicana no tiene precedentes en la historia estadounidense" (pág. 260). ¿Para qué sirven? Busca otros ejemplos y explícalos.

    _____

    _____

5. Según el texto, ¿qué significa el "Credo americano"?

    _____

6. ¿Qué significa "WASP"? Busca ayuda del profesor de inglés, y explica a qué se refiere cada letra de la sigla.

_____

7. ¿Qué indica Huntington cuando afirma que el problema más grave no es la inmigración en si, sino la asimilación?

_____

8. Respecto a la imigración mexicana , ¿por qué dice Huntington que Miami es un caso sin precedentes?

_____

9. ¿Por qué el hecho de que los mexicanos tienen major número de hijos puede afectar al credo americano?

_____

¡DALE!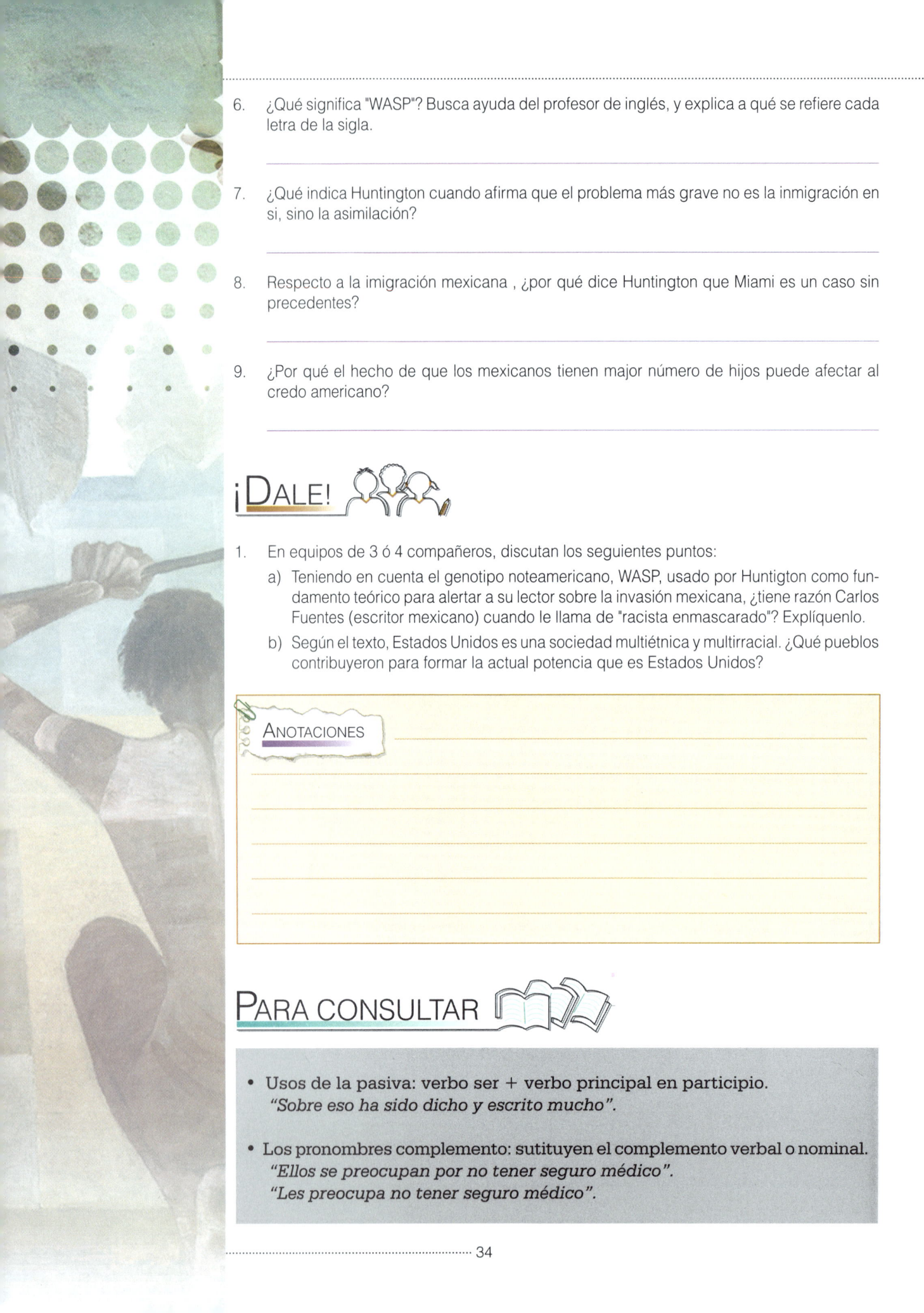

1. En equipos de 3 ó 4 compañeros, discutan los seguientes puntos:

   a) Teniendo en cuenta el genotipo noteamericano, WASP, usado por Huntigton como fundamento teórico para alertar a su lector sobre la invasión mexicana, ¿tiene razón Carlos Fuentes (escritor mexicano) cuando le llama de "racista enmascarado"? Explíquenlo.

   b) Según el texto, Estados Unidos es una sociedad multiétnica y multirracial. ¿Qué pueblos contribuyeron para formar la actual potencia que es Estados Unidos?

ANOTACIONES
_____
_____
_____
_____
_____

PARA CONSULTAR

- Usos de la pasiva: verbo ser + verbo principal en participio.
  "Sobre eso ha sido dicho y escrito mucho".

- Los pronombres complemento: sutituyen el complemento verbal o nominal.
  "Ellos se preocupan por no tener seguro médico".
  "Les preocupa no tener seguro médico".

PORTINARI, Candido. **Café** (Detalle). 1935. Óleo sobre lienzo. Dim.130 cm x 195 cm. (Rio de Janeiro, Brasil).

Trabajo y sociedad

Trabajo y sociedad

¿Has pensado alguna vez sobre como el mundo del trabajo presenta una compleja red de relaciones entre las personas, la tecnología y el capital, o sea, el dinero? ¿Cómo debemos hacer para trabajar y tener tiempo para la familia, para los amigos, las diversiones y para cuidar de la salud?

Trabajo y juventud

¡MIRA!

Estos clasificados de LA NACIÓN presentan algunas profesiones que ya conoces. Intenta leerlos aunque no comprendas todas las abreviaturas.

Clasificados

>> Jóvenes profesionales

Avisos ofrecidos de empleos

ADMINISTRACIÓN

Abogada
C/exp procur civil y comerc, PC – Flavia 36 años 4522-6464

Adm Contable Financiero
cp lic adm uba ctas ctes ventas prov office tang exc prest trat y rep Gabriel 34 a 4462-3405

Empleado Adm
Part time 3 años com soc Ofic. 2000 int ingles muy bueno Brenda 20a 4568-1707

Lic. En Trabajo Social
UBA area de Recursos Humanos o Servicio Social. – Verónica 28a 4983-4948.

Recepcionista
At, al cliente. Ctrol de Stock. Fact. Microsoft Office para oficina. Laura. 4983-5630

COMERCIAL

Cadete administrativo
Tareas grales bcos PC ent. Windows Internet AFIP cobranzas ingl exper. Javier: 4220-0291

Contador UBA
Bal Finanz Proy de inv cost cert esp audit. Cont operat liq imp suel pc ingl Jorge 4671-5539

Estudio Contable
Amplios conoc avanz de contabilidad, PC, inglés y hebreo. Sergio 4957-3670

Técnico en comercio exterior
Fund. Bank Boston inglés Portugués sist María curso de expo. Martin 28 años 4813-5745

FINANZAS

Ayud. de Contador
Contabilidad Office 2000 Sist. Aplicativos Imp. Turno Tarde. Gladis, 40 añ. 4962-2549

Contador Público
Costos, presupuestos, Ctrol. Gestión, Proy. Inversión- Asesor PYME – Héctor 4581-9621

PRODUCCIÓN

Arquitecta UBA
Documentación Cómputo Presup. Escenografia Autocad 2000 Luciana, 28 años, (15)5458-1624

Ingeniero Proyectista
Proyecto plantas indust cañerias autocad automatización Omar 33 años 155-665-9176

SISTEMAS

Diseñador gráfico/Web
Enseñ, diseño x comp (autocad, 3dstudio, flash, corel, photoshop) – Sebastián 26ª 4642-8710

Lic. Cs. Comp (FCEYN-UBA)
8 lenguajes de programación, diseño orientado a objetos, procesos agiles de desarrollo. Aureliano 4863-7632

Psicólogo clínico
Tratamiento adolescentes y adultos jóvenes – Emiliano 4809-3565

VARIOS

Abogada Jr. UBA
Dcho. Priv Matrícula Cap.. P/ estudio o empresa, Inglés-Fanny 25a 47032490/1557074647

Abogado
Especialista Dcho. Empresario, 4 años exp., Inglés, Francés – Gustavo 29 años 4644-1087

Asistente
P/Estudio Juríco Est avanz Derecho. PC, Internet. Vanesa, 21 años, 15-4079-5680 4280-2896

LA NACIÓN. Clasificados. Buenos Aires, 2005. Adaptado.

¡ACÉRCATE!

1. ¿Por qué estos anuncios están ubicados en la sección jóvenes profesionales? Explícalo.

2. Explica algunas abreviaciones:

   – exp.:

   – PC:

   – Dcho:

   – ingl;

   – UBA:

   – conoc:

¡DALE!

En grupos, comparen con los clasificados de los periódicos de la ciudad o estado donde viven y contesten:

1. ¿Aparecen puestos de trabajo para profesiones semejantes?

2. ¿Los clasificados son semejantes en portugués y español desde el punto de vista de la organización del texto?

ANOTACIONES

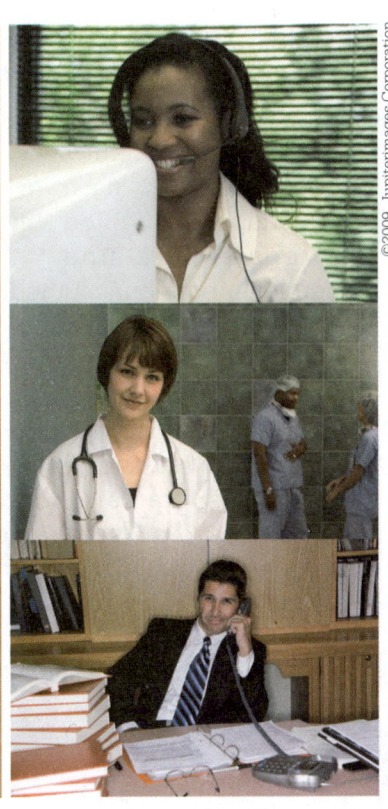

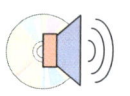

Orientación vocacional

Los futuros estudiantes universitarios interesados en carreras científicas tienen hoy una rica oferta. Para ellos es

Momento de decisión

Sin dudas, setiembre es el mes de los estudiantes. Y no sólo por la llegada de la primavera. También es tiempo de decisiones: para los que terminan quinto este año o para los que, no importa cuándo hayan terminado, están seguros de que quieren reanudar el año que viene. Se acercan, se acercan las fechas de inscripción a las carreras universitarias. ¿Qué elegir? ¿Habrá que decidir entre el compromiso de una carrera larga, de las clásicas, con su relumbrón de prestigio al final del camino, o algún estudio más corto, y menos impresionante, que ofrezca una especialización rápida y prepare para una inserción laboral más inmediata?

©2009 Jupiterimages Corporation

La realidad – como dice el lugar común – supera siempre la imaginación, muestra un panorama bastante más complejo que esa vieja antinomia. Y más rico, más divertido. A no desesperarse, entonces, que todo el futuro no se decide hoy: la oferta educativa de los noventa es variada, y admite resoluciones por etapas. Porque, además de las ya clásicas carreras cortas, hoy gran parte de las largas ofrecen títulos intermedios que permiten empezar a probarse en el mercado del trabajo, así como salir de pista en alguna de las paradas, sin perder, digamos, los puntos acumulados.

Las opciones en ciencia y tecnología son, sin duda, las que más han crecido últimamente. ¿Quién podría imaginarse, hace quince años, la exuberante proliferación de carreras, cursos y cursillos sobre computación que se ofrecen en este momento? Hoy resultan igualmente sorprendentes – y promisoras – las diversas especializaciones en temas de ecología que comienzan a aparecer. O las mismas auxiliares de la medicina, que se diversifican para ofrecer a la hermana mayor su asistencia experta en tecnologías novedosas.

El menú, entonces, es lo suficientemente variado como para dejar al feliz estudiante la responsabilidad de su elección.

Títulos intermedios o especializaciones rápidas para una pronta salida laboral. Tal parece ser el gesto de la época a la hora de elegir el futuro.

Ana María Vara
Revista Descubrir, sep. 1995.

¡ACÉRCATE!

1. Discute y contesta:

   a) ¿Por qué dice la autora del texto que el mes de septiembre es el mes de los estudiantes? ¿Es igual en la ciudad donde vives, o sea, cuál es el mes de decisiones para los que tienen la intención de seguir una carrera universitaria?

   _____

   _____

   b) ¿Qué has entendido por "el compromiso de una carrera larga, de las clásicas"?

   _____

   c) ¿Y por "inserción laboral más inmediata"?

   _____

   d) Busca ayuda en el diccionario y explica qué es "antinomia".

   _____

2. Explica qué serían los "títulos intermedios" ofrecidos en las universidades argentinas.

   _____

   _____

¡DALE!

En grupos:

1. Para investigar y escribir:

   Cuando el texto se refiere a "los noventa", quiere decir los años noventa del final del siglo veinte, ya que el texto es de 1995. Pensando en las carreras que más han crecido últimamente, o sea, en los últimos diez años más o menos, ¿qué comparación con los datos del texto podemos hacer? ¿Son las mismas áreas las que crecen? ¿Qué otras han crecido también en los últimos años? Primero, investiguen en revistas, diarios o sitios de Internet y compartan sus resultados con los demás.

ANOTACIONES

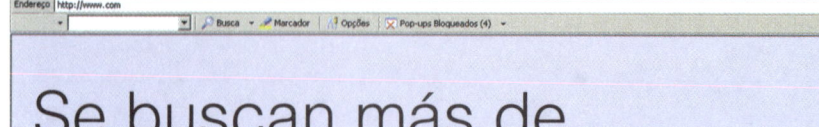
Internet
Arquivo   Editar   Exibir   Favoritos   Ferramentas   Ajuda

Endereço | http://www.com

| Busca ▾ ✎ Marcador | ✦ Opções | 🗔 Pop-ups Bloqueados (4) ▾

Se buscan más de 3 millones de empleos

por Jean Maninat, Director Regional de la OIT para América Latina y el Caribe *

En las calles de América Latina la crisis económica se define sin ambigüedades: desempleo. De hecho, en 2009 la región debería crear más de 3 millones de puestos de trabajo sólo para recuperar los niveles del año anterior. Pero esto no va a suceder.

El gran desafío de las economías latinoamericanas frente a la crisis es producir empleos. Se trata de borrar la huella más profunda que nos deja esta recesión, la que golpea a las personas y a sus esperanzas. Además, los puestos de trabajo son cruciales para restablecer el consumo y apoyar el círculo virtuoso de la recuperación.

Ahora que han comenzado a detectarse señales de que la crisis podría haber tocado fondo, o que al menos ha amainado, ese desafío es aún más apremiante: según estudios de la OIT las crisis afectan en forma instantánea al empleo, pero cuando llega la recuperación esta tarda mucho en notarse en los mercados laborales. Podríamos cargar con esta falta de oportunidades de trabajo por unos cinco años más, con o sin crisis.

¿Quiénes buscan esos millones de empleos en la región? Ya sabemos que un número importante de personas han perdido el trabajo por la crisis. Además, hay

©2009 Jupiterimages Corporation

que tener en cuenta que cada año entre 3 y 4 millones de personas se incorporan a los mercados de trabajo regionales, principalmente jóvenes para quienes esta crisis se traduce en falta de expectativas.

La turbulencia que vivimos agita el mundo de los indicadores. Las rectificaciones son frecuentes. En todo caso, los últimos datos disponibles nos hablan de un crecimiento negativo en torno a 1,7 por ciento en la región latinoamericana. Este es el final de un ciclo positivo de cinco años de crecimiento y de descenso en el desempleo, cuya tasa (urbana) ahora podría subir del 7,5% alcanzado en 2008 a entre 8,7% y 9,1% en 2009, de acuerdo con un cálculo realizado conjuntamente por CEPAL y OIT.

Eso significa que entre 2,8 y 3,9 millones de personas podrían sumarse a las filas del desempleo, que el año pasado ya afectaba a casi 16 millones de latinoamericanos.

Cuando se habla de puestos de trabajo, detrás de los números siempre hay personas. En este caso, esos números son un insumo poderoso para justificar que las políticas económicas de esta región coloquen la generación y preservación de puestos de trabajo como su objetivo fundamental. Esto, que parece obvio, no siempre es así. Durante años los esfuerzos se concentraron en otros indicadores, asumiendo que el mercado laboral reaccionaría automáticamente, lo cual con frecuencia no sucedió. En el momento actual ya no hay espacio para esos experimentos.

Enfrentar esta crisis laboral es la meta fundamental del Pacto Mundial para el Empleo que aprobaron gobiernos, empleadores y trabajadores de todo el mundo, en la reunión anual de la OIT en Ginebra. Este Pacto es un compromiso de buscar la ruta más adecuada con el fin de generar puestos de trabajo, redirigiendo inversiones, invirtiendo recursos para estimular la economía real, poniendo en práctica políticas para que las empresas sean sustentables, protegiendo a las poblaciones más vulnerables, recurriendo al diálogo social para lograr acuerdos, entre otra serie de recomendaciones.

En América Latina hay varios países donde se ha comenzado a transitar esta senda. Pero es fundamental no perder de vista el objetivo de generar trabajo decente, de convertir los planes en acciones y no desviarnos del camino. Si no tenemos éxito, quienes buscan empleo se sentirán frustrados y decepcionados, el aumento de la pobreza será notorio, la salida de la crisis parecerá empantanada, y todo esto podría afectar la gobernabilidad democrática.

Nota: este artículo de opinión fue publicado en julio de 2009 en los diarios Clarín de Argentina, O Globo de Brasil, La Razón de Bolivia, La Nación de Costa Rica, La Jornada de México, La República de Perú y El Universal de Venezuela.

Disponible en: <http://www.oit.org.pe/index.php?option=com_content&view=article&id=2324:se-buscan-mas-de-3-millones-de-empleos&catid=200:oficina-del-director>. Acceso en octubre, 2009.

¡ACÉRCATE!

1. ¿Quién y para cual institución se escribió este texto? ¿Dónde fue publicado?

   _____

   _____

2. ¿De qué trata el texto, en general? Explica y señala partes del texto que lo comprueben.

   _____

   _____

3. ¿Qué significa decir que "se trata de **borrar la huella** más profunda que nos deja esta recesión"?

   _____

   _____

4. ¿Ya has oído hablar en círculo virtuoso? Explica qué significa dando un ejemplo de una situación vivida por ti o por personas próximas a ti.

   _____

   _____

5. La expresión "haber tocado fondo" en este caso significa:

( ) que llegó a su punto máximo

( ) que tocó las emociones de las personas

6. La palabra "senda" puede ser cambiada por otras de sentido semejante sin cambiar el sentido del texto. Explícalo dando un ejemplo.

_____

_____

7. ¿Qué expresiones representan mejor el sentido de "empantanada" en el texto? Explica señalando partes del texto.

( ) desarrollada

( ) concluída

( ) sin solución

( ) involucrada

( ) estacionada

8. Por lo que dice el texto, calcula cuántos millones de latinoamericanos deberían estar buscando empleo en aquel momento de la crisis.

_____

9. La expresión "inversiones" en este texto significa:

( ) mutar alguna cosa

( ) destinar algún dinero

( ) cambiar el rumbo de algo

¡OJO!

A. Observa las frases abajo:

a) Se buscan más de 3 millones de empleos

b) Se realizó la reunión a las ocho.

El pronombre personal "se" tiene valor impersonal en la frase a), mientras que en la b), valor pasivo. En este caso, es posible parafrasear usando el verbo "ser" + verbo en participio: *la reunión fue realizada a las ocho*.

AHORA TÚ...

1. Reescribe las frases siguientes usando la construcción con el SE:

a) Las personas buscan empleos en todas las áreas de actividad.

_____

b) Los problemas de falta de empleo son resueltos con políticas de desarrollo.

_____

c) En América Latina, la crisis laboral es enfrentada con el Pacto Mundial para el Empleo.

_____

_____

B. Observa el siguiente fragmento:

(...) poniendo en práctica políticas para que las empresas sean sustentables, protegiendo a las poblaciones más vulnerables (...)

AHORA TÚ... ● ● ● ● ● ● ● ● ●

1. Define, de forma sencilla, una regla para crear palabras como sustentable, vulnerable, razonable, etc.

_____

_____

_____

¡DALE!

En grupos, investiguen:

1. Busquen más informaciones sobre el "Pacto Mundial para el Empleo". Traigan sus apuntes a la clase.

2. Busquen otras más sobre las instituciones mencionadas en el texto: CEPAL y OIT. ¿Cuándo y para qué fueron creadas?

3. Además de saber sobre las instituciones, busquen también algunas informaciones en periódicos o en sitios de Internet, que significa para la OIT un **"trabajo decente"**.

Ahora, discutan:

1. ¿Sigue fuerte la crisis económica que se configuró en 2008?

2. ¿Qué consecuencias de la crisis se pudo observar en la comunidad, ciudad o Estado donde viven?

Por último, elijan una de las tareas abajo:

1. Escribir un pequeño texto, usando todas las informaciones reunidas.

2. Elaborar un recuadro con las informaciones más importantes, como fechas, datos, estadísticas, gráficos, fotos.

3. Manifestar su opinión sobre la crisis y sus consecuencias de forma estética: una dramatización de unos 15 minutos, una poesía, una letra de canción, un dibujo, etc.

Confederación Intersindical Galega - Miguel Ferro Caaveiro

¡MIRA!

NIK. **Gaturriendo**. Buenos Aires: Sudamericana, 2004. 1. ed.

¡ACÉRCATE!

1. ¿Qué es una Oficina de Desempleo?

   _____

   _____

2. ¿Qué representa la paloma que está en la Oficina de Desempleo?

   _____

3. ¿Cómo son las personas representadas en la viñeta?

   _____

   _____

4. ¿Como se llama el gatito que aparece en la viñeta?

   _____

Trabajo y calidad de vida

¡MIRA!

¿Cómo están compaginando las mujeres el mundo del trabajo y el de la familia (con sus hijos, su pareja y su salud)?

El texto que vamos a leer en seguida está desordenado. Intenta ponerlo en orden para que sea posible leerlo correctamente.

Madre hay una sola

El director del Programa de Medicina del Trabajo, de la Escuela de Salud Pública de la Universidad de California, Richard Baker, completa la explicación. "Si consideramos que la jornada laboral de una persona incluye tanto el trabajo que realiza en su casa como el de la fábrica, veremos que las madres con niños de baja edad son las que suman más horas".

Photolibrary/Photolibrary DC/Latinstock

☐ La doctora Amy Rock Wohl, directora del equipo de investigación, atribuye el mayor riesgo de accidente a "la fatiga y responsabilidad de trabajar tiempo completo, mientras crían niños pequeños".

☐ Descubrieron 156 casos de lesiones traumáticas, incluyendo cortes y quemaduras. Las mujeres con hijos menores de 6 años registraban 2,9 más lesiones que el resto.

☐ Las madres con niños pequeños, que trabajan fuera de sus casas, acusan tres veces más accidentes laborales. Investigadores de la Escuela de Salud Pública, de la Universidad de California (Los Angeles), estudiaron a 1 400 trabajadores de una gran empresa aeroespacial.

Revista Descubrir, sep. 1995, p. 84.

¡ACÉRCATE!

1. ¿Cuál es el orden original del texto? Justifica tu respuesta con partes del texto.

_____

_____

2. ¿En qué país fue hecha la investigación?

_____

3. Explica el sentido de las palabras "acusar" y "traumáticas" según su empleo en el texto.

_____

_____

4. ¿Te parece coherente la explicación de la doctora Amy Rock Wohl, directora del equipo de investigación, con la realidad que vemos en los hogares hoy día? Justifica tu respuesta.

_____

_____

5. Aunque el texto sobre la investigación no revele datos sobre eso, ¿podemos pensar que las madres están más sujetas a ese tipo de accidente laboral que los padres con niños pequeños? Explica tu opinión.

_____

_____

6. Con la ayuda de un diccionario y haciendo las alteraciones necesarias:

a) Reescribe la información: "Descubrieron 156 casos de lesiones traumáticas, incluyendo cortes y quemaduras", sustituyendo las palabras "casos" y "lesiones", sin cambiar el sentido de texto.

_____

_____

_____

_____

b) Reescribe la explicación del director Richard Baker: "Si consideramos que la jornada laboral (...) veremos que las madres con niños de baja edad son las que suman más horas", cambiando las expresiones "jornada laboral", y "niños de baja edad" por otras que puedan mantener el sentido del texto.

_____

_____

_____

_____

¡DALE!

En grupos:

1. Investiguen en revistas, diarios, sitios de Internet o en su comunidad (entrevistando a alguien):

a) ¿Cuál es la jornada laboral media de una madre que trabaja fuera y tiene hijos pequeños en Brasil?

b) Cuando tienen las mismas funciones, ¿ganan lo mismo hombres y mujeres? Da un ejemplo.

ANOTACIONES

_____

_____

_____

_____

_____

_____

_____

_____

¡Mira!

¿Has oído algo sobre los Objetivos del Milenio? Son ocho objetivos en el total, pero ahora vamos a hablar de la meta 3. ¿Sabes cuál es?

Objetivos del milenio

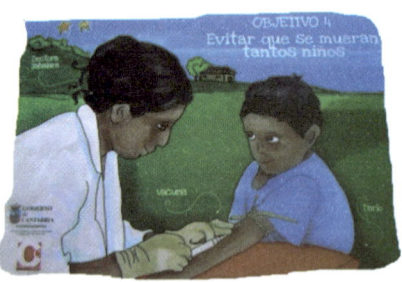

Meta 3.A

Eliminar las desigualdades entre los géneros en la enseñanza primaria y secundaria, preferiblemente para el año 2005, y en todos los niveles de la enseñanza antes de finales de 2015.

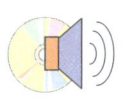

Indicadores

1 Proporción de niñas y niños en la enseñanza primaria, secundaria y superior
2 Proporción de mujeres con empleos remunerados en el sector no agrícola
3 Proporción de escaños ocupados por mujeres en los parlamentos nacionales

La igualdad entre los géneros es un derecho humano y es esencial para la consecución de los objetivos de desarrollo del Milenio. Se trata de un requisito indispensable para superar el hambre, la pobreza y las enfermedades. Igualdad entre los géneros implica igualdad en todos los niveles de la educación y en todos los ámbitos de trabajo, el control equitativo de los recursos y una representación igual en la vida pública y política.

Es crucial lograr la paridad en la educación (en la educación primaria y niveles siguientes) para que las mujeres participen plenamente en la sociedad y en la economía mundial. Sin embargo, en demasiados países las niñas quedan rezagadas. Entre los numerosos beneficios de una educación de buena calidad se cuenta la seguridad que entraña un empleo remunerado, pero con demasiada frecuencia las mujeres son relegadas a puestos mal pagados y que no brindan seguridad. Aunque ha aumentado el porcentaje de mujeres que ocupan empleos remunerados en los sectores no agrícolas, en muchas regiones siguen representando una pequeña minoría de los trabajadores asalariados, con una representación excesiva en el sector informal.

Un elemento clave de la potenciación de la mujer es el ejercicio de un poder de decisión en pie de igualdad con el hombre en los campos que afectan a su vida (desde la familia hasta los niveles más altos de gobierno). Aunque la representación de la mujer en los parlamentos nacionales ha ido aumentado a un ritmo estable desde 1990, las mujeres siguen ocupando tan sólo el 16% de los escaños en todo el mundo.

Disponible en: <http://www.un.org/spanish/millenniumr> Acceso en enero, 2010.
Sitio oficial de Naciones Unidas en español.

¡ACÉRCATE!

1. ¿De qué trata este texto sobre la meta 3?

   _____

   _____

2. Señala el significado de algunas palabras en el texto según las definiciones de abajo:

   1. géneros   ( ) que tiene o actúa con imparcialidad.

   2. escaños   ( ) aumentar el esfuerzo que uno hace para realizar algo.

   3. consecución   ( ) dejadas para tras, separadas del grupo.

   4. equitativo   ( ) relación de igualdad.

   5. crucial   ( ) asiento de senadores o diputados en las cámaras.

   6. paridad   ( ) conjunto de seres o cosas con características comunes.

   7. rezagadas   ( ) aquello que es básico o central en un asunto.

   8. clave   ( ) que es muy importante o decisivo.

   9. potenciación   ( ) realización.

3. En el texto, el término *indicadores* se refiere al cuadro actual de la realidad indicado por las estadísticas y estudios acerca del tema:

   a) Proporción de niñas y niños en la enseñanza primaria, secundaria y superior.

   b) Proporción de mujeres con empleos remunerados en el sector no agrícola.

   c) Proporción de escaños ocupados por mujeres en los parlamentos nacionales.

   ¿Cómo deben ser estas proporciones si el objetivo es eliminar las desigualdades?

   _____

   _____

   _____

   _____

4. La palabra "entraña" puede tener distintos significados, todos relacionados con el interior de algo, como en el conjunto de las vísceras de un animal o el interior de un volcán. Sin embargo, en el texto la palabra 'entraña' viene del verbo entrañar:

   "Entre los numerosos beneficios de una educación de buena calidad se cuenta la seguridad que entraña un empleo remunerado"...

   Aquí el sentido es de *incluir*, *contener* o *implicar*...

   Ahora, explica tú el sentido de "entraña" en el texto:

   _____

   _____

   _____

   _____

5. El verbo "brindar", así como muchos otros, puede significar cosas distintas. Entre las frases de abajo, cuál tiene un sentido semejante al del texto:

   (   ) Las mujeres de la fiesta brindaron por su felicidad.

   (   ) Trabajar en el extranjero brinda la oportunidad de conocer nuevas culturas.

6. Reescribe el fragmento del texto de la forma que quieras, pero deberás mantener lo esencial de la información:

   "Las mujeres siguen representando una pequeña minoría de los trabajadores asalariados, con una representación excesiva en el sector informal."

   _____

   _____

   _____

   _____

   _____

¡Dale!

En grupos, investiguen y contesten:

1. ¿Los indicadores señalados en el texto se aplican a la región donde viven? Justifiquen su respuesta.

2. ¿La igualdad en la educación es suficiente para cambiar el papel de la mujer en la sociedad actual y en el mercado de trabajo?

ANOTACIONES

¡Ojo!

A. Las **preposiciones** tienen un papel muy importante, que es establecer relaciones entre las palabras, así como lo hacen las conjunciones (y, o, aunque,…), o los pronombres (él, ella, usted,…), etc.

Algunas aparecen en el último texto:

> "La igualdad **entre** los géneros es un derecho humano y es esencial **para** la consecución **de** los objetivos **de** desarrollo **del** Milenio"

> "pero **con** demasiada frecuencia las mujeres son relegadas **a** puestos mal pagados **desde** la familia **hasta** los niveles más altos **de** gobierno"

Las diferencias de uso con relación al portugués son básicamente en las apócopes, o sea, la unión de una preposición con otra palabra, normalmente un artículo o un pronombre. Las apócopes son comunes en portugués: "em+o=no"; "de+ela=dela"; "por+o=pelo", etc. En español hay dos:

$$a + el = al \quad y \quad de + el = del$$

Ejemplo:

> **En el** inicio **del** siglo XX, la mujer conquistó derechos antes solo conferidos **al** hombre, como el derecho **de** trabajar fuera **de** casa, elegir una carrera, elegir sus representantes, entre otros.

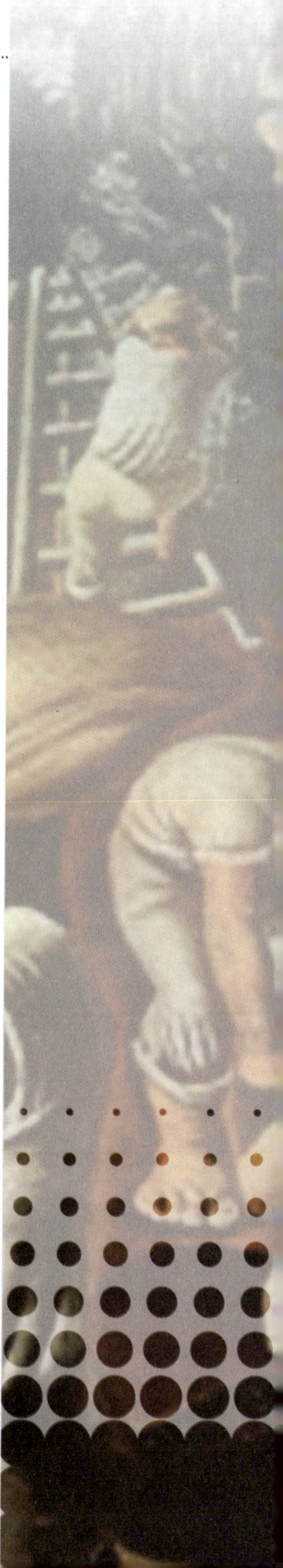

Igualdad **entre los** géneros implica igualdad **en** todos los niveles **de la** educación y **en** todos los ámbitos **de** trabajo, el control equitativo **de los** recursos y una representación igual **en la** vida pública y política.

También conviene saber que las preposiciones "hasta" y "hacia" poseen sentidos semejantes y distintos a la vez. Con "hasta" se expresa el punto final de un recorrido físico (espacial, temporal) o abstracto (mental):

"…(**desde** la familia **hasta** los niveles más altos de gobierno)."

El "hacia" se usa para establecer dirección (espacio) o aproximación (tiempo). Por ejemplo:

Debemos buscar cumplir los objetivos **del** milenio **hacia** un mundo sin hambre, desigualdad, injusticia…

AHORA TÚ…

1. Completa las frases de abajo con "hacia" o "hasta":

   a) Caminamos _____ un mundo sin desigualdad de oportunidades para hombres y mujeres.

   b) Quiero ver _____ qué punto podemos avanzar en relación a los objetivos del milenio.

   c) Nuestras actitudes pueden conducirnos _____ estos cambios o no.

¡MIRA!

Por los otros

Con la idea de que no alcanza ejercer la solidaridad y el compromiso sino que también hay que difundirlos, Martín Brudny(29) e Iván Fernández (26) constituyeron la Escuela de Promotores Sociales junto a otro grupo de jóvenes entusiastas.

Desde allí y desde hace un año pretenden darle una vuelta de tuerca a aquello que aprendieron dentro

Stock.Xchng

de los claustros académicos. "Más allá de nuestras carreras, de lo que aprendimos para ganarmos la vida, tenemos que devolver a la sociedad lo que nos dio. Y tratar que los jóvenes salgan de la apatía, que haya algo más allá del rock and roll que les sacuda la cabeza", recuerda Fernández.

Actualmente, esta particular escuela se acerca a los chicos en la secundaria, para que se familiaricen con la idea de pensar en el otro. Economías solidarias, derecho popular y escuela de voluntariado son algunas de las materias que se enseñan en esta institución que cree que para practicar es necesaria la teoría. "En los barrios, con la solidaridad sola no alcanza", aseguraron. Por eso, además de desarrollar actividades puntuales en barriadas emblemáticas también piden que las facultades revean los contenidos académicos e implementen tareas tales como el rescate de la experiencia juvenil de Latinoamérica y la rediscusión de la dimensión de género.

Peñas, enseñanza y proyecto inclusivos se llevan adelante gracias a donaciones y festivales a beneficio. Como tantos otros grupos, también espera el aporte institucional para seguir trabajando con los más de 120 chicos que se anotaron este año en el programa.

Para ayudar;
www.redsolidaria.presencia.net
www.greenpeace.org.com
www.missingchildren.org.ar
www.fundafar.com.ar
www.untechnoparamipais.org.ar
promotorespopulares@gmail.com

Revista Viva, Buenos Aires: Clarín, ene. 2008, p. 73.

¡ACÉRCATE!

1. Busca en un diccionario las informaciones necesarias para explicar qué significan en el texto las siguientes expresiones:

   "darle una vuelta de tuerca"

   _____

   "claustros académicos"

   _____

   "festivales a beneficio"

   _____

   "peñas"

   _____

2. Reescribe la frase siguiente, cambiando la expresión "se anotaron" por otra, sin cambiar el sentido.

   a) Como tantos otros grupos, también espera el aporte institucional para seguir trabajando con los más de 120 chicos que se anotaron este año en el programa.

   _____

   _____

3. Además de la escuela que crearon ¿qué más podemos saber sobre Martín Brudny e Iván Fernández a partir del texto?

_____

_____

_____

4. ¿Para qué han creado la escuela? Qué tipo de cosas se estudia en ella? ¿Es como la escuela secundaria regular? Justifica tu respuesta.

_____

_____

_____

_____

¡OJO!

Observa el párrafo de abajo, sacado del texto:

Por eso, además de desarrollar actividades puntuales en barriadas emblemáticas también piden que las facultades revean los contenidos académicos e implementen tareas tales como el rescate de la experiencia juvenil de Latinoamérica y la rediscusión de la dimensión de género.

¿Quién pide que las facultades revean sus contenidos? ¿El autor del reportaje o los creadores de la escuela? ¿Cómo sabemos distinguir?

El autor del texto usa el discurso indirecto. Es decir, usa una manera de presentar el habla de otra persona indirectamente, pues quien pide que las facultades revean los contenidos académicos e implementen tareas tales como el rescate de la experiencia juvenil de Latinoamérica y la rediscusión de la dimensión de género, son los muchachos mencionados en el texto.

Hay otra manera de presentar el habla de otra persona en los textos, que es usando las comillas, como en el ejemplo abajo:

"En los barrios, con la solidaridad sola no alcanza", aseguraron.

AHORA TÚ...

1. Reescribe el párrafo de abajo usando el discurso indirecto, o sea, sin comillas.

Desde allí y desde hace un año pretenden darle una vuelta de tuerca a aquello que aprendieron dentro de los claustros académicos. "Más allá de nuestras carreras, de lo que aprendimos para ganarnos la vida, tenemos que devolver a la sociedad lo que nos dio. Y tratar que los jóvenes salgan de la apatía, que haya algo más allá del rock and roll que les sacuda la cabeza", recuerda Fernández.

¡DALE!

Discutan en grupos:

1. ¿El trabajo voluntario tiene el mismo valor que el trabajo que desarrollamos por profesión y para "ganarnos la vida"?

2. ¿Conocen algunas instituciones que necesitan trabajo voluntario? ¿Cuáles? ¿Cómo han recibido esa información: telediarios, radio, revista, periódicos, sitios de Internet, personas conocidas u otros medios?

Elijan una de las opciones de abajo y relaten.

a) ¿Conocen a alguien que realice trabajos voluntarios sistemáticamente? Entrevisten a esa persona, elaborando cuestiones y después escriban un texto, hablando sobre esa persona y su trabajo. No se olviden de usar como recurso tanto el discurso directo como el indirecto.

b) ¿Ya han hecho algún tipo de trabajo voluntario? ¿Dónde, cuándo, con quién, cómo fue, les gustó hacerlo?

ANOTACIONES

¡MIRA!

Antes de leer el texto, piensa en su título y mira la foto: ¿qué sugieren?

Estrés y adrenalina

Por Daniel Lopez Rosetti

En Occidente, el trabajo rotula a la persona; de hecho, define el modo de vida del sujeto, que va más allá de la cuestión económica.

Hay trabajos que escapan del denominador común en términos riesgosos, como los que se nombran en esta nota. Este tipo de personajes, que están entre los menos, consiguen un buen manejo de los estresores: amenazas, ansiedad, miedo, riesgo o peligro.

Esto quiere decir que estos factores son gobernables por la persona en cuestión, que, a su vez, frente al riesgo, "disfruta" del alto nivel de adrenalina, de manera tal que esta hormona se comporta como una sustancia deseable y necesaria para el sujeto.

© Animal Planet

John Varty y dos tigres de Bengala.

No me animo a hablar de una tendencia; lo que sí es cierto es que cada vez son más los que se acercan a los deportes o los trabajos de alto riesgo. El desafío a la muerte es cada vez mayor. Cuando uno encara este tipo de actividades sabe que del otro lado de la línea está la muerte, y desafiarla genera una adrenalina deseable. Por lo general, este tipo de personas consigue manejar las emociones negativas y transformarlas en vivencias placenteras.

El autor es presidente de la Sociedad Argentina de Medicina del Estrés y autor de "Estrés, cómo entenderlo, entenderse y vencerlo".

Revista La Nación, Buenos Aires: LA NACIÓN, oct. 2004, p. 44.

¡ACÉRCATE!

1. Discute con tus colegas de clase y contesta:

    a) ¿Las hipótesis sobre la foto y el titular se confirman con la lectura del texto?

    _____

    _____

b) ¿Qué significan "términos riesgosos", "los estresores", "placenteras"?

_____

_____

2. Identifica a qué se refieren en el texto las expresiones de abajo:

"**esta** hormona"

_____

"desafiar**la**"

_____

"transformar**las**"

_____

3. Reescribe los fragmentos del texto, sustituyendo las palabras destacadas y haciendo las alteraciones necesarias sin cambiar el sentido del texto:

"**Hay** trabajos que escapan del denominador común..."

_____

"**Por lo general**, este tipo de personas consigue..."

_____

¡DALE!

En grupos, investiguen:

a) Además de los documentalistas y ambientalistas, ¿qué otras profesiones tienen estas mismas características: riesgo y adrenalina?

b) ¿Conocen a alguien o han visto algún programa en que el trabajo cotidiano de la persona es arriesgado y lleno de "adrenalina"? ¿Cómo es y cómo lo han conocido?

ANOTACIONES

Para curiosear

John Varty, el hombre que aparece en la foto con dos tigres de Bengala, ha filmado 54 horas de película en un proyecto para "rehabilitar" a los animales a vivir en el ambiente salvaje. "Experimento Bengala", sin embargo, no es su primera aventura en la naturaleza salvaje del África negra.

Disponible en: <www.magodelsur.com.ar> y <www.sames.org.ar>

¡Mira!

Antes de contratar un Seguro de Vida con Capitalización, usted quiere saber si nuestra Compañía es sólida y confiable.

Qué cosa. Lo mismo nos preguntaron hace 150 años.

Corel Stock Photos

Cuando uno piensa en el retiro, parece que faltará una eternidad. Y, posiblemente, falte una eternidad. Pero un Seguro de Vida con Capitalización no se puede contratar un día antes de retirarse. Y, entonces, uno se pregunta ¿en ese momento, habrá alguien para pagarme? Y ahí no sirven las promesas. Lo único que cuenta es la Compañía.

O sea, una compañía que es líder mundial en servicios financieros integrados – Banca + Finanzas + Seguros –, que cuenta con 150 años de trayectoria, presencia en más de 60 países y activos por más de 270.000 millones de dólares.

En pocas palabras, hoy estamos. Y mañana también.

Revista Nueva, Buenos Aires: ADI, 1997, n. 330. Adaptado.

¡ACÉRCATE!

1. Contesta:

   a) ¿Qué es un seguro de vida con capitalización? Si no lo sabes busca informaciones sobre este tema.

   _____

   _____

   b) ¿Por qué no se puede contratar un seguro de ese tipo un día antes de jubilarse? Investígalo y contesta.

   _____

   _____

   c) Cuál es el sentido de la palabra "compañía" en el texto? ¿Qué otros significados tiene esta palabra? Escribe algunos ejemplos.

   _____

   _____

   d) ¿Qué es el "retiro"? ¿Qué otra expresion puede ser usada en ese sentido? Investígalo.

   _____

   _____

2. Lee nuevamente toda la publicidad y contesta:

   a) ¿Cuántos años tiene la empresa?

   _____

   b) ¿Qué significa: "En pocas palabras, hoy estamos. Y mañana también"?

   _____

   _____

¡OJO!

Recordando lo que ya sabes sobre los numerales:

A. Los numerales en español son como en portugués. Se agrupan de diez en diez hasta cien, mil, millones, mil millones (bilhões en portugués), millón de billones (trilhão en portugués).

B. Las medidas son decena (para cada diez elementos), docena (para cada 12 elementos) y media docena (para cada seis elementos).

C. Entre decenas y unidades añadimos la conjunción **Y**; entre centenas y decenas, o centenas y unidades, no hay conjunción; los números se escriben juntos – en una palabra –, hasta el 30 (treinta).

Ejemplos:

25: veinticinco
32: treinta y dos
111: ciento once
123: ciento veintitrés
130: ciento treinta
208: doscientos ocho
531: quinientos treinta y uno
1459: mil cuatrocientos cincuenta y nueve

AHORA TÚ... ● ● ● ● ● ● ● ●

1. En el texto aparece el número "270.000 millones de dólares". Señala la alternativa que explica cómo deberíamos escribir ese número en letras:
   - ( )   doscientos y setenta mil millones.
   - ( )   doscientos setenta millones.
   - ( )   doscientos setenta mil millones.
   - ( )   doscientos y setenta millones.

2. ¿A cuánto correspondería en reales hoy día?

_____

_____

3. La edad de la compañía mencionada en el texto anterior es 150 años. Escríbela en letras.

_____

_____

_____

4. Señala la alternativa correcta según la cuenta: la compañía está en 60 países. Eso corresponde a:
   - ( )   seis decenas o cinco docenas.
   - ( )   seis docenas o cinco decenas.
   - ( )   seis decenas o cuatro docenas.
   - ( )   cuatro decenas o seis docenas.

Deporte y trabajo

¿Crees que los deportistas siempre juegan por amor a la "camisa"?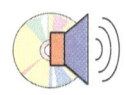

La profesionalización del deporte

La profesionalización del deporte, junto con otras características del mismo ocurridas en los últimos años – politización, gigantismo, comercialización, etc. – ha sido definida como uno de los tremendos males del deporte contemporáneo. La verdad es que sin profesionalización ni comercialización el deporte no estaría donde está en estos momentos, y seguiría, probablemente, siendo una actividad marginal.

La profesionalización del deporte está muy asociada al deporte como producto de consumo. El espectáculo deportivo conlleva la profesionalización del artista - el deportista. El deportista se convierte en una estrella del espectáculo, en un trabajador, en muchas ocasiones de lujo. Los clubes se transforman en empresas – tanto desde el punto de vista jurídico como en su forma de funcionar – e incluso las Ligas profesionales se convierten en superempresas y patronales del espectáculo deportivo. Por ejemplo, la NBA, espejo donde se suelen mirar algunos colectivos de clubes profesionales en nuestro país, ingresa al año 65.000 millones de pesetas, tiene 20 patrocinadores importantes, en su sede central

Ilustraciones de un manual de fútbol, publicado en Barcelona a principios de siglo.

trabajan 130 personas, todo ello además de los presupuestos y personal de cada uno de los 25 clubes que conforman la Liga profesional de baloncesto en los Estados Unidos.

En España el deporte profesional está a su vez excesivamente desarrollado en relación al conjunto del sistema deportivo. La profesionalización del deporte se extiende al

El fútbol a sol y sombra. Eduardo Galeano. Catálogos, 1995. Montevideo, Uruguay.

fútbol y baloncesto, pero también a otros deportes de equipo – balonmano, voleibol – y a categorías deportivas que en ningún caso deberían serlo. Además abarca también a un gran número de deportes – y deportistas – individuales. Por otra parte, en nuestro país nos gusta mucho organizar grandes campeonatos y pagar muchas veces cantidades excesivas a los deportistas. En eso España se ha convertido en ocasiones en una mina de oro para muchos deportistas de otros países.

Disponible en: <http://html.rincondelvago.com/deporte-como-actividad-economica.html>
Acceso en enero, 2010.

¡ACÉRCATE!

1. ¿Qué significa "la profesionalización del deporte" ?

_____

_____

_____

2. ¿Crees que sin esa profesionalización el deporte sería todavía una actividad marginal, o sea, sin importancia en el mundo económico?

_____

_____

_____

3. ¿Crees que hoy día el deporte es realmente un producto de consumo? Explica tu respuesta:

_____

_____

_____

4. La palabra "conlleva" significa:
   (   ) llevar de un lugar a otro.
   (   ) resultar una cosa de otra.
   (   ) combinar varias cosas entre sí.

5. Los clubs hoy día son empresas patronales del espectáculo deportivo. Eso implica que:
   (   ) los deportistas son empleados.
   (   ) los deportistas son sólo artistas.
   (   ) los deportistas deben generar capital más que títulos.

6. ¿Qué significa decir que la NBA es el "espejo donde se suelen mirar algunos colectivos de clubes profesionales en nuestro país"?

_____

_____

7. Decir que NBA ingresa al año 65.000 millones de pesetas, significa que:

( ) NBA recibió en aquellos años un valor equivalente a 65.000 millones de pesetas.

( ) NBA pagó en aquellos años un valor equivalente a 65.000 millones de pesetas.

( ) NBA hizo entrar en España un valor equivalente a 65.000 millones de pesetas.

¡DALE!

En grupos, investiguen y contesten:

1. ¿Cuál es la moneda de España hoy día? ¿Hasta qué año se usaron las pesetas en España? ¿De qué año debe ser este texto, probablemente?

2. Según el autor, "España se ha convertido en ocasiones en una mina de oro para muchos deportistas de otros países". ¿Están de acuerdo con eso? Justifiquen sus respuestas.

ANOTACIONES

¡MIRA!

Los deportistas, hombres-sandwich

Por Alberto Borrini
Para La Nación

Ronaldinho, recientemente elegido el mejor jugador del mundo, les dijo a los dirigentes de Barcelona, después de haber sido contratado para sumarse al club catalán: "La pelota es mi novia". Es la opinión personal de un astro que, aparte de embolsar millones de euros por sus goles, como Beckham, Zidane, De Piero o Shevchenko, parece disfrutar en la cancha.

Pero en verdad la novia del fútbol es la televisión, el medio que lo convirtió en un show, y lo arrojó en brazos de la publicidad y el marketing. En la era del fútbol espectáculo ni siquiera la pelota sigue siendo inocente: ha pasado por varias transformaciones dictadas por la tecnología, la fotogenia (finalmente es la que atrae todas las miradas de los espectadores) y las exigencias de un negocio que mueve miles de millones en todo el mundo. Los derechos de transmisión por televisión de los partidos son ahora la principal fuente de ingreso de

Stock-Xchng

los clubes más importantes. El fútbol, como otros deportes populares, es teledependiente; sus horarios dictan los de los partidos, así éstos tengan que jugarse en inclementes condiciones climáticas.

Pero entre los mayores ingresos actuales se empinan también los provenientes de patrocinios y demás recursos vinculados con la publicidad, que en el caso de Juventus ya alcanzan al 25 por ciento del total.

Los clubes con mayor cantidad de asociados o seguidores, como Manchester United, Milan, Real Madrid, o los nuestros River y Boca, se han esmerado para elevar la proporción de ingresos por ventas de entradas, con desiguales resultados (Manchester y Real fueran los que más avanzaron en este aspecto), pero de todos modos ninguno podría subsistir solamente de ellos.

La fantasía de Borges, la transmisión de un partido que en realidad no se está jugando sino que existe en el relato de los comentaristas, ya no parece tan descabellada. Desde una perspectiva publicitaria, lo único que justifica el partido real es la estática del estadio, que tecnología mediante permite también inscripciones virtuales sobre el césped del campo de juego.

Pero en rigor, la popularidad de los jugadores ha sacado a la publicidad fuera de la cancha y hasta fuera del fútbol. En este sentido, el paradigma es el inglés David Beckham, definido como "una mezcla perfecta de Madonna, los Stones y Brad Pitt. Por momentos sorprende que, además de aparecer en desfiles, giras de promoción, conferencias de prensa y sonadas reyertas matrimoniales, juegue bien al fútbol y hasta haga algunos goles."

Beckham es la expresión más acabada del marketing deportivo. En 2003 ganó 20 millones de dólares en concepto de publicidad y la mitad, 10 millones, por los servicios prestados para Real Madrid. Pero no es el único; la desproporción alcanza además a otros atletas de parecido nivel.

En nuestro país, Boca y River son las instituciones que tienen el marketing más desarrollado. La FIFA autorizó a los clubes, en 1983, a estampar marcas comerciales en las casacas de sus jugadores, aunque pocos meses antes, en 1982, San Lorenzo había hecho el primer ensayo al cruzar sus colores con el nombre de los caramelos Mu Mu.

Veinte años después, los que se llevan la parte del león de la inversión son Boca y River. Por imprimir las marcas de Pepsi y Budweisser, respectivamente, en sus camisetas, embolsan entre los dos alrededor de 7 millones de pesos; el sponsor anterior, Quilmes, presente en ambas divisas, llegó a pagar por ellas 5 millones de dólares cuando la moneda norteamericana costaba lo mismo que el peso. En conjunto, los equipos de primera división facturan por el mismo concepto entre 12 y 13 millones.

Estas cifras son muy poco significativas si se las compara con lo que recauda un solo club, el Real Madrid, por negocios vinculados con las camisetas de sus jugadores: 138 millones de euros.

Revista La Nación, Buenos Aires: LA NACIÓN, ene. 2005.

¡ACÉRCATE!

Discute y contesta:

1. ¿Cuál es la diferencia señalada en el texto entre Ronaldinho Gaúcho y los demás jugadores de equipos millonarios?

    _____

    _____

2. Explica el sentido de las palabras "paradigma" e "inversión" en el texto, dando otros ejemplos.

3. Además de la tele, ¿qué otras actividades hacen del fútbol un negocio? ¿Cómo lo hace?

4. ¿Qué intención tenía el autor al usar la expresión "hombre-sandwich"?

5. Explica el sentido de las expresiones usadas en el texto: "fuente de ingreso"; "inclementes condiciones climáticas"; "se han esmerado"; "giras de promoción"; "sonadas reyertas matrimoniales".

6. Explica qué es "la parte del león" y da algunos ejemplos.

7. Según el autor del texto, más que proporcionar placer a millones de personas, el fútbol es hoy teledependiente. ¿Por qué?

¡DALE!

En grupos, investiguen:

1. Aunque el texto anterior sea de 2005, podemos hacer una comparación entre nuestras experiencias y el texto. Hoy día, ¿las cosas siguen igual, mejor o peor?

2. ¿Los jugadores siguen siendo vendidos por los clubes menores para pagar deudas? ¿Todo puede ser vendido? ¿El marketing futbolístico creció o no?

3. Pensando en todo eso, ¿les parece que las relaciones de trabajo en el deporte son mejores o peores que en otras profesiones? ¿O son iguales?

4. El autor se refiere al escritor argentino Jorge Luis Borges para hablar de cómo el fútbol se convirtió en un espectáculo virtual. Busquen a otros escritores que trataron del tema del fútbol y de qué forma lo hicieron. Por ejemplo: Nelson Rodrigues, Eduardo Galeano, etc.

PARA CONSULTAR

Las preposiciones en español son:

a, ante, bajo, con, contra, de, desde, en, entre, hacia, hasta, para, por, según, sin, sobre, tras.

Algunos números para ayudarte:

1	uno	primero/primer		
2	dos	segundo	medio/mitad	doble/duplo
3	tres	tercero/tercer	tercero/tercio	triple
4	cuatro	cuarto	cuarto	cuádruple/cuádruplo
5	cinco	quinto	quinto	quíntuplo
6	seis	sexto	sexto	séxtuplo
7	siete	sétimo/séptimo	sétimo/séptimo	séptuplo
8	ocho	octavo	octavo	óctuplo
9	nueve	noveno	noveno	nónuplo
10	diez	décimo	décimo	décuplo

ZIRARDINI, Mario. **Paisaje urbano III**. Óleo sobre lienzo. (Argentina).

El mundo urbano

El mundo urbano

¿Cómo es la localidad dónde vives?¿Es una ciudad grande, mediana, pequeña? ¿Cuáles son los mayores problemas de tu ciudad?

Urbanidad y memoria

¡MIRA!

"La urbanidad es la prueba más fija de cultura, moralidad y buenos sentimientos. Hombres o pueblos, siempre cuantos más civilizados, son más urbanos"

Disponible en: <http://www.slideshare.net/Pumamaqui/urbanidad> Tratadito de Urbanidad para Niños, Esteban Paluzie, 1908. Acceso en octubre, 2009.

¡ACÉRCATE!

1. ¿Ya conocías este sentido para la palabra urbanidad? ¿Qué sentidos te parecen más usuales?

_____

_____

¡MIRA!

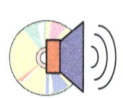

¿Sabrías contestar a las preguntas del titular de abajo?

¿Qué es la urbanidad? ¿Ha caído en el olvido? Actualidad o historia. De moda o trasnochado.

João Prudente / Pulsar Imagens

Según el diccionario de la Real Academia Española la urbanidad es: cortesanía, comedimiento, atención y buen modo. El diccionario de la RAE resume, perfectamente, en cuatro términos todo lo que nos lleva a tener una mejor convivencia con los demás. Del latín urbanitas (urbanitatis) la urbanidad son una serie de pautas de comportamiento que se deben cumplir y acatar para lograr una mejor relación con las personas con las que convivimos y nos relacionamos.

Recordar la palabra urbanidad no tiene porque llevarnos a viejos y estirados manuales donde se daban e imponían estrictas normas de comportamiento totalmente inadecuadas, en su mayoría, a los tiempos actuales. Esa rigidez e intransigencia en la educación ha creado un cierto "halo" negativo a la palabra urbanidad.

Cualquier sociedad cuenta con unas normas de comportamiento, no escritas en la mayor parte de los casos, pero que sin su tutela nos haría ser un grupo de seres incivilizados que campan a sus anchas.

Saber que es mejor caminar por nuestra derecha, que las cosas se piden por favor, que se da las gracias por casi todo ... y otras muchas pequeñas cosas hacen que nuestra vida sea mucho más agradable.

Pero como todas las reglas, leyes o normas, no solamente es suficiente con saber que existen, sino que hay que ponerlas en práctica. A diario, en cualquier situación se puede ser cortés. No hay que desaprovechar ninguna ocasión por dos motivos: poner en práctica lo que nos han enseñado y a su vez dar un estupendo ejemplo a los que nos ven.

Gozar de un buen "tacto social" nos puede ayudar en multitud de situaciones, tanto sencillas como algo más complejas. Desenvolverse en los distintos ámbitos

sociales debería ser una de las mejores asignaturas de nuestra enseñanza. Puedes ser el que más conocimientos tenga de su profesión o carrera profesional, pero sin una buena dosis de "urbanidad" puede que seas la persona menos querida de tu entorno. Saber agradar, comportarse de modo correcto en cualquier ocasión, mostrar nuestro mejor "barniz social" cual pavo real que muestra su majestuosa cola puede hacernos ganar la simpatía de todo nuestro entorno. Ese cariño se refleja en la actitud de las personas que nos rodean y se extraña cuando falta. Por eso nos preguntamos ¿qué es urbanidad? Saber convivir, saber agradar y saber estar, aderezado con un toque de estilo.

(Autor: Charls Rou).

Disponible en: <http://www.protocolo.org/gest_web/proto_Seccion.pl?arefid=1779&rfID=182>
Acceso en octubre, 2009.

¡ACÉRCATE!

1. Por lo que has leído, ¿crees que urbanidad puede ser sinónimo de civilidad? Justifícalo.

2. ¿Qué serían "viejos y estirados manuales"? ¿Conoces a algo semejante? Explícalo.

3. Busca ayuda en un diccionario y contesta qué significan "halo" y "barniz social" en este texto.

   Halo:

Barniz social:

_____

4. De acuerdo con el autor del texto, ¿cómo seríamos nosotros sin las reglas sociales? Explícalo.

_____

_____

5. Reescribe la frase sustituyendo "según" por otra expresión en "Según el diccionario de la Real Academia Española la urbanidad es: cortesanía, comedimiento, atención y buen modo".

_____

_____

¡DALE!

Discutan en grupos:

1. ¿Creen que además de tener "modos" hay que tener "estilo"? Justifiquen su respuesta.

2. Relacionen este texto con las palabras de Esteban Paluzie al inicio de la unidad.

3. ¿Sabían que irse por la derecha es una forma de urbanidad y de organización? Pues es esta regla que, en muchas ocasiones, también siguen los coches, por lo menos en América.

4. ¿Creen que la urbanidad es algo caído en el olvido? Expliquen su respuesta, dando un ejemplo del cotidiano.

5. ¿Les parece que la gente de la escuela donde estudian es "urbanizada/civilizada"? Justifiquen su respuesta.

6. ¿Les parece que la ciudad donde viven es bastante "urbana" en el sentido de urbanidad? Justifiquen su respuesta.

ANOTACIONES

_____

_____

_____

_____

PARA CURIOSEAR

"(…)Aunque la palabra urbanidad en su origen rechaza a lo rural, es posiblemente el campo el tesoro de mucha de la urbanidad que carece el citadino, quien incluso usa peyorativamente el término "huaso" para referirse al incivilizado. Como idea, la urbanidad como tal se formaliza hace casi cinco siglos, cuando Erasmo de Rotterdam escribe "De civilitate forum puerilium" (1538), o incluso algunos años antes, en el libro "El Cortesano" de Baltasar de Castiglione, donde se plasman los principios esenciales de un caballero renacentista. En dicha obra se postula que para ser un caballero no sólo se requiere ser diestro con las armas y las letras, sino igualmente en el trato hacia los demás (…)."

PERFETTI, Piero Moltedo. MBA, Universidad Carlos III de Madrid.
Disponible en: <http://www.lamuraya.com/2009/05/la-urbanidad> Acceso en octubre, 2009.

¡Mira!

¿Ya te has dado cuenta de que así como las personas y las naciones, las ciudades también tienen historia, así como sus barrios, calles, puentes, paseos, etc?

Puente Alsina - 1926

Puente Alsina, un lugar que era conocido antiguamente como el Paso de Burgos, porque éste era el apellido del botero que cruzaba los transeúntes de una orilla del Riachuelo a la otra.

En 1855, un hacendado y saladerista español, don Enrique Ochoa y Zauzola, construyó el primer puente de madera con fines de lucro, para cobrar peaje. Dos veces, Ochoa y Zauzola debió reconstruir el puente, al ser derrumbado por las periódicas inundaciones que afectaban a la zona. En 1859 construyó un tercer puente, al que se llamó Alsina como homenaje al gobernador Valentín Alsina.

Vista del Puente General José Felix Uriburu

En 1910 ocupó su lugar uno de hierro, hasta que en 1938 éste fue reemplezado por el actual Puente General José Felix Uriburu, de arquitectura colonial.

Es un lugar con reminiscencias históricas: por allí cruzaron el Riachuelo las tropas inglesas del brigadier Levinson Gower, el 1ro. de julio de 1807.

Fue con motivo de la segunda invasión inglesa; Gower comandaba 2150 hombres, la vanguardia de las tropas invasoras. Y en junio de 1880 lucharon por la posesión del puente las fuerzas nacionales del presidente Avellaneda, contra las porteñas del gobernador Carlos Tejedor.

En sus alrededores fue creciendo una populosa barriada, que en sus inicios albergó a los personajes más característicos delineados en las letras de los viejos tangos. Estos barrios dieron origen luego a los actuales de Nueva Pompeya y Valentín Alsina.

Revista Nueva, Buenos Aires: ADI, nov. 1997, n. 330, p. 54.

Saladerista: hacendado que además de crear al ganado, vende la carne salada.

Las batallas de 1807: ocurrieron en la época colonial, en que el ejército español derrotó a los ingleses en la región del Río de La Plata.

Los enfrentamientos de 1880: ocurrieron entre Avellaneda y Tejedor y resultaron en la definición de Buenos Aires como capital del país, tras una disputa de poder en la provincia.

¡ACÉRCATE!

1. Reescribe las alternativas incorrectas corrigiéndolas:

   • El puente fue llamado de *Paso de Burgos* porque ése era el nombre de familia del barquero que hacía el transporte de la gente en el Riachuelo.

   • El puente fue llamado de *Paso de Burgos* porque ése era el nombre dado por los amigos del barquero que hacía el transporte de la gente en el Riachuelo.

   • El dueño de hacienda y de saladeros, don Enrique, contruyó el primer puente y cobraba de las personas que pasaban por ahí.

   • El puente fue destruido dos veces por las inundaciones.

   • El puente fue reemplazado por uno de hierro en la primera década del siglo veinte.

   • El puente fue escenario de las batallas por ocasión de la primera invasión inglesa en el siglo XIX.

   _____

   _____

   _____

   _____

   _____

2. ¿Qué tipo de gente vivía cerca del puente?

   _____

3. ¿Qué entiendes por "barriada"?

   _____

4. ¿Qué barrios surgieron de la población que vivía cercana al puente?

   _____

   _____

¡Mira!

La población que creció alrededor del puente es la gente que figura en las letras de los viejos tangos (música argentina que se originó, así como la samba en Brasil, en el inicio del siglo veinte en los burdeles y casas nocturnas frecuentados por la gente sencilla de los barrios).

Puente Alsina 1926

¿Dónde está mi barrio, mi cuna querida?
¿Dónde la guarida, refugio de ayer?
Borró el asfaltado, de una manotada,
la vieja barriada que me vio nacer…

En la sospechosa quietud del suburbio,
la noche de un triste drama pasional
y, huérfano entonces, yo, el hijo de todos,
rodé por el lodo de aquel arrabal.

Puente Alsina, que ayer fuera mi regazo,
de un zarpazo la avenida te alcanzó…
Viejo puente, solitario y confidente,
sos la marca que, en la frente,
el progreso le ha dejado
al suburbio rebelado
que a su paso sucumbió.

Yo no he conocido caricias de madre…
Tuve un solo padre que fuera el rigor
y llevo en mis venas, de sangre matrera,
gritando una gleba su crudo rencor.

Porque me lo llevan, mi barrio, mi todo,
yo, el hijo del lodo lo vengo a llorar…
Mi barrio es mi madre que ya no responde…
¡Qué digan adónde lo han ido a enterrar!

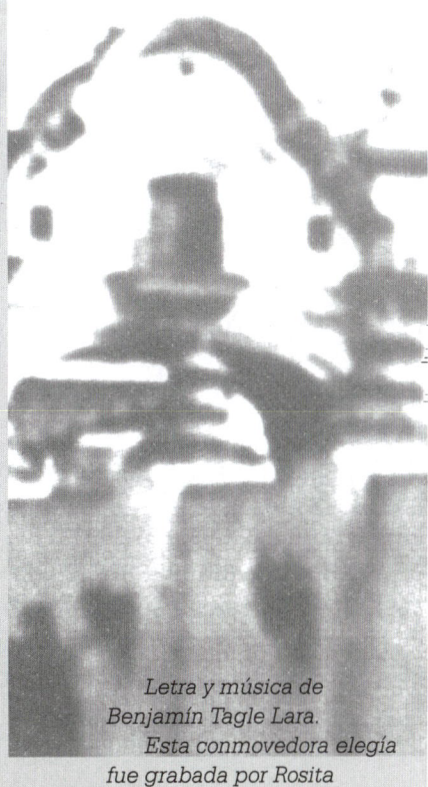

Letra y música de Benjamín Tagle Lara.
   Esta conmovedora elegía fue grabada por Rosita Quiroga al morir en el año 1926.
   Lamentablemente, no perteneció al repertorio de Carlos Gardel.

Revista Nueva, Buenos Aires: ADI, nov. 1997, n. 330, p. 54.

Matrero: Gaucho fugitivo de la autoridad.

¡ACÉRCATE!

1. Busca en el diccionario y explica el significado de las expresiones en la letra del tango:
   – mi cuna querida

   _____

   – manotada

   _____

   – arrabal

   _____

   – una gleba

   _____

2. ¿De qué se queja el poeta? ¿Por qué está triste?

   _____

   _____

3. ¿Qué dice la letra del tango sobre los cambios en el barrio antiguo?

   _____

4. ¿Por qué se siente huérfano el poeta?

   _____

¡OJO!

En los dos últimos textos leímos sobre la historia del Puente Alsina. Como ya sabes, podemos hablar del pasado usando los verbos en presente o en los tiempos del pasado, que son varios:

En 1859 **construyó** un tercer puente, al que se **llamó** *Alsina* en homenaje al gobernador Valentín Alsina.

> **pretérito indefinido = usado para hablar de hechos/ actividades acabados en el pasado.**

Puente Alsina, un lugar que **era** conocido antiguamente como el *Paso de Burgos* , porque éste **era** el apellido del botero que **cruzaba** los transeúntes de una orilla del Riachuelo a la otra.

> **pretérito imperfecto = usado para hablar de hechos/ actividades frecuentes en el pasado.**

Yo no **he conocido** caricias de madre...
¡Que digan adónde lo **han ido** a enterrar!

AHORA TÚ...

1. Reescribe las frases con la forma verbal más adecuada a la situación. Usa tu experiencia e intuición:

   a. En 1910 _____ (ocupar) el lugar del puente de madera uno de hierro.

   b. Esta semana _____ (estudiar) sobre los centros urbanos.

   c. En el siglo pasado el puente _____ (ser) reemplazado por el actual.

   d. Hace casi dos siglos que el puente _____ (ser) llamado el Paso de Burgos.

   e. Hoy _____ (conocer) algunas historias de la ciudad de Buenos Aires.

   f. La letra del tango _____ (grabar) por Rosita Quiroga en el 1926.

   g. La semana pasada _____ (hacer) tareas en grupos sobre las dos Américas.

¡DALE!

En grupos:

a) Investiguen y traigan otras letras de tango que hablan de ciudades, barrios, calles, etc. No puede faltar "Mi Buenos Aires Querido". ¿Lo conocen? Busquen también otras canciones, en otros ritmos, que hablen sobre otras ciudades... Pueden ser en portugués, español u otras lenguas.

b) Relacionen las discusiones a la imagen de ciudad que aparece en la apertura de la unidad. ¿Corresponde a la imagen que tienen de la ciudad donde viven?

ANOTACIONES

El tango surgió en el inicio del siglo XX en los barrios pobres de Buenos Aires. Sus letras trataban del sufrimiento de hombres y mujeres del pueblo. A partir de la década de 1940 los temas líricos y amorosos empiezan a hacer parte de su repertorio.

En la voz de Carlos Gardel el tango ganó la notoriedad de que goza hasta hoy.

Carlos Gardel (cantante).

Ciudades: atractivos, organización y estructura

¡Mira!

Turismo

A 110 kilómetros de Porto Alegre

Desniveles de las serranías gaúchas

En la Región de las Hortensias, Gramado y Canela muestran otro Brasil, ondulado y más europeo

GRAMADO. – Vacaciones en Brasil. De inmediato vienen a nuestra mente imágenes de playas de arenas blancas, aguas cálidas y transparentes, morros cubiertos de tupida vegetación o hasta las selvas impenetrables. Pero hay otro Brasil: el de las ondulantes sierras gaúchas. Y en ellas, en el sur de este país, a unos 110 kilómetros de Porto Alebre, se encuentran Gramado y Canela. Dos ciudades separadas por apenas seis kilómetros, que no solo comparten la privilegiada naturaleza serrana que las enmarca, sino también la arquitectura bávara de las construcciones, que impusieron los inmigrantes alemanes que forjaron buena parte del desarrollo de esta región brasileña.

Así, las avenidas limpias y prolijas, repletas de hortensias (no en vano esta zona es conocida como la Región de las Hortensias), que suben y bajan copiando los desniveles típicos de las sierras, parecen las de una aldea alemana en plena América del Sur.

Cascada del Caracol, Canela (RS, Brasil).

También tiene toques italianos, la otra gran corriente inmigratoria de la región. Hasta tal punto que los 34.000 habitantes de Gramado, por ejemplo, un 65 % de la populación es de origen germano y un 30 % italiano. De allí la tradición en la elaboración de chocolates, postres (imperdibles los clásicos strudel de manzana), fiambres y vino. Los viñedos y bodegas se extienden por toda la sierra hasta los alrededores de las grandes ciudades industriales de Caxias do Sul (la Capital de la Sierra) y Bento Gonçalves (la Capital

Nacional del Vino), así como las fábricas de muebles, confecciones en cuero y zapatos de alta calidad que, junto con el turismo, componen la base económica de la región. Para completar la idiosincrasia del lugar, a las costumbres europeas se suman las tradicionales criollas de los troperos que atravesaban antaño estos suelos: los gauchos comen mucha carne, toman mate y usan palabras del español.

Canela con nieve

Con una altura de 830 metros en la zona de Gramado y Canela, la sierra gaúcha está tapizada por la mata atlántica, la clásica foresta costera brasileña que combina árboles y arbustos de variadas alturas y coloración, incluidas las araucarias.

A diferencia del resto de Brasil, los inviernos en la sierra son rigurosos, a tal punto que cada tanto cae alguna abundante nevada.

Algunos puntos turísticos imperdibles: la cascada del Caracol, a pocos kilómetros del centro de Canela, y el hermoso valle de Quilombo en el camino entre ambas poblaciones. Dadas las accidentadas características del terreno, el turismo de aventura y ecológico tiene en Canela un lugar privilegiado para realizar rafting, trekking, mountain bike, rappel y cabalgadas, entre otras actividades.

La Catedral de Piedra de Canela es otra de las atracciones de esta ciudad, de 39.000 habitantes. En Gramado no se puede dejar de visitar el Lago Negro, una réplica de la Selva Negra de Baviera, diseñada por Leopoldo Rosenfeld, urbanista de esta ciudad que está a punto de cumplir 50 años desde su fundación. Tres celebraciones especiales dan fama extra a Gramado: La Navidad, el Festival de Cine y el ChocoFest. La primera se festeja durante 50 días (desde el 15 de noviembre hasta el 8 de enero), incluyendo la ornamentación de las calles, casas y negocios, desfiles y espectáculos artísticos, a lo que acompaña una industria de comidas e indumentaria dedicadas a Papá Noel.

El Festival de Cine de Gramado, que se realiza en invierno, es uno de los principales acontecimientos culturales de Brasil, y el ChocoFest, en Pascuas, es un recreo para los amantes del chocolate, *"garotos"* incluidos.

En suma, una región especial, con hotelería, posadas y restaurantes de alto nivel, para los que buscan sosiego y paz en contacto con la naturaleza.

Dieter Joel Jagnow/ Stock Xchng

Catedral Nossa Senhora de Lourdes, conocida como la Catedral de Pidra, Canela (RS, Brasil).

Fernando S. Aldado/W Commons

Gramado (RS) en la época de Navidad.

Gabriel Tomich

Revista La Nación, Buenos Aires: LA NACIÓN, ene. 2005, Domingo.

¡ACÉRCATE!

1. Observa las ilustraciones (incluso el mapa), lee los titulares y contesta:

   a) ¿En qué región de Brasil están las ciudades de Canela y Gramado?

   _____

   b) ¿Qué destaca el titular sobre estas ciudades con relación al resto de Brasil?

   _____

   c) ¿Cuál es la capital de Estado más próxima de estas dos ciudades?¿A qué distancia está?

   _____

2. Selecciona las alternativas correctas, según el texto, y escribe un pequeño párrafo con ellas:

   • Si los extranjeros piensan en vacaciones en Brasil, siempre se imaginan las playas y selvas del país.

   • Hay un Brasil distinto en las sierras gaúchas distante seis quilómetros de Porto Alegre.

   • Entre las ciudades de Canela y Gramado hay en común el tipo de entorno y la arquitectura de origen alemán.

   • Las calles de estas ciudades están llenas de basura y de gente.

   • Hay muchas mujeres llamadas Hortensia, así como la jugadora de basquetbol.

   _____

   _____

   _____

   _____

3. Además de los alemanes, hay en las ciudades de Canela y Gramado muchos italianos. Señala cuántos serían los italianos de Canela más o menos:

   ( )   5.000

   ( )   12.000

   ( )   34.000

   ( )   39.000

4. La región donde están ubicadas estas ciudades es conocida por la producción de vino.Con la ayuda de un mapa de Brasil, o de la región sur, ubica:

   • la Capital de la Sierra;

   • la Capital Nacional del Vino.

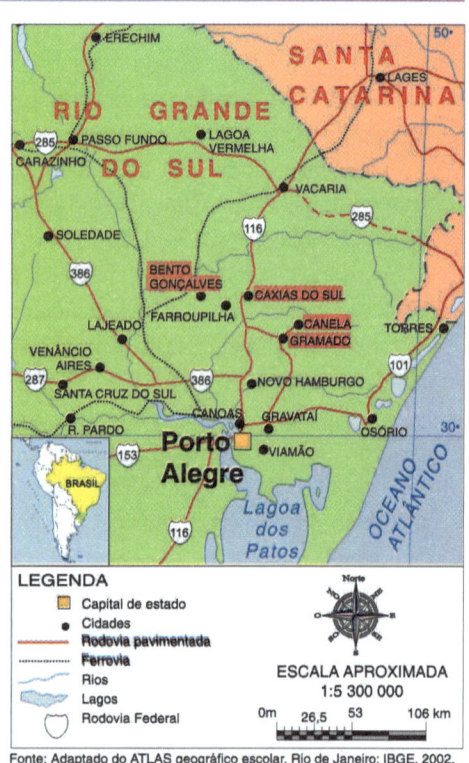

Fonte: Adaptado do ATLAS geográfico escolar, Rio de Janeiro: IBGE, 2002. p.169. Base Cartográfica Adaptada do IBGE, 2002.

5. ¿Cuáles son las principales actividades económicas de la región?

_____

_____

6. Explica por escrito qué entiendes por "tradiciones criollas" e "idiosincracias del lugar". Si es necesario, busca ayuda en un dicionario.

_____

_____

7. Explica estas modalidades de deportes (si es necesario, busca ayuda del profesor de inglés o de educación física):

Rafting

_____

Trekking

_____

Mountain bike

_____

Rappel

_____

Cabalgadas

_____

¡DALE!

1. En grupos, elijan una de las opciones:

   a) Busquen más informaciones sobre las celebraciones mencionadas en el texto, destacando fechas, sitios interesantes y curiosidades sobre cada una. Traigan sus apuntes: Festival de Cine de Gramado, Chocofest, entre otras.

   b) ¿Cuáles son las principales fechas o fiestas de su ciudad? ¿Cuándo se celebran y cuáles son sus atractivos?

2. Elaboren un panel o un pequeño texto para presentárselo a los demás.

ANOTACIONES

_____

_____

_____

_____

¡MIRA!

1. Antes de leer el texto, mira las imágenes y las siglas y piensa de qué tratará el texto.

BsAs 10   **ESPACIO PUBLICO**
LA CIUDAD QUE QUEREMOS VIVIR, LA ESTAMOS HACIENDO HOY

RENOVACIÓN DE LA
AVENIDA 9 DE JULIO

La obra que se inicia, es la intervención más importante de los últimos 30 años en la Avenida 9 de Julio. Va a permitir mejorar la circulación de vehículos y peatones, disminuir el nivel de ruido y sumar nuevas áreas verdes a la Ciudad.

- Pavimentación y renovación de cunetas
- Rediseño de plazoletas
- Nuevo boulevard central
- Forestación
- Nuevas veredas
- Iluminación pública y particularizada
- Patios de juegos y polideportivos en la 9 de Julio Sur

Para evitar molestias en el tránsito, las obras se realizarán en enero y febrero de 20 a 6 hs.

Sking/W.Commons

BUENOS AIRES BIEN DE TODOS   **gobBsAs**

Revista La Nación, Buenos Aires: LA NACIÓN, ene. 2005.

¡ACÉRCATE!

1. Corrige y reescribe las proposiciones incorrectas según el texto:
   - El texto es una publicidad del gobierno de Buenos Aires.
   - La avenida 9 de Julio es una de las más importantes y famosas de Buenos Aires y tiene 30 años.

- Su renovación no va a permitir que los coches circulen por ahí.
- La obra va a incrementar la polución sonora en la avenida.
- La ciudad va a ganar más áreas verdes.

_____

_____

_____

_____

_____

_____

2. Señala las alternativas que indican los cambios propuestos para la Avenida, en el orden en que aparecen en la publicidad:

( ) Plantación de nueva vegetación.

( ) Colocación de luces.

( ) Canchas para el recreo y la práctica de deportes.

( ) Recuperación de las zanjas y colocación de pavimento.

( ) Nueva plaza central.

( ) Nuevos pasos de peatones.

( ) Renovación del diseño de las pequeñas plazas.

3. Reescribe los fragmentos sustituyendo las palabras indicadas por otras, sin cambiar el sentido del texto. Quizá algunas alteraciones sean necesarias:

- circulación
- molestias

_____

_____

_____

_____

_____

_____

4. Explica qué diferencias hay entre el primero y el segundo **la** en :

La ciudad en que queremos vivir, **la** estamos haciendo hoy.

_____

_____

_____

¡MIRA!

BsAs 10 — RED DE SUBTERRANEOS
LA CIUDAD QUE QUEREMOS VIVIR, LA ESTAMOS HACIENDO HOY

EXTENSIÓN DE LA RED DE SUBTES

Cuatro estaciones de la Línea A, dos de la Línea B y el nuevo Subte H que va a unir el sur y el norte de Ciudad

Las obras de las estaciones Puán, Carabobo, Flores y Nazca de la Línea A ya están en marcha. El Subte H ya tiene 3.600 metros de túneles construidos y en julio de 2005 estará finalizado el tramo que unirá Plaza Once con Parque Patricios. En 30 días aproximadamente se adjudicará la obra para las nuevas estaciones Echeverría y Villa Urquiza de la Línea B.

Cuando esta última obra comience, estaremos frente a un hecho inédito: por primera vez en la historia de la Ciudad, se estarán construyendo tres líneas de subterráneos simultáneamente.

Licitación de vagones
Ya se realizó el llamado a licitación internacional para la compra de coches eléctricos destinados a la Línea H.
El presupuesto previsto es de 270 millones de pesos. Los coches deben responder a altos estándares de calidad y disponer de facilidades para personas con movilidad reducida.

www.buenosaires.gov.ar

BUENOS AIRES BIEN DE TODOS — gobBsAs

Revista Viva, Buenos Aires: Clarín, nov. 2004.

¡ACÉRCATE!

1. Escribe un período único, uniendo las proposiciones correctas:

   • El texto es una publicidad del gobierno de Buenos Aires.

   • Trata de la ampliación de la red de tuberías para el desagüe de los detritos de la población.

   • Trata de la ampliación de la red de subterráneos de la ciudad.

_____

_____

2. Contesta:

a) ¿Cuántas estaciones ya están en construcción?

_____

b) ¿Cuántos kilómetros ya tiene el subte H?

_____

c) ¿Qué estaciones empezarán a ser construidas en breve?

_____

d) Busca ayuda en un dicionario y explica qué es una *licitación* y un *presupuesto*.

_____

_____

3. Reescribe el período sustituyendo las palabras destacadas, haciendo las alteraciones necesarias, pero sin cambiar el sentido del texto:

Los coches deben responder a altos **estándares** de calidad y disponer de facilidades para personas con **movilidad reducida**.

_____

_____

4. Señala la alternativa que traduzca en palabras las siglas BsAs 10 y gobBsAs:

( ) Buenos Aires nota 10 y Buenos Aires globalizada.

( ) Buenos Aires en 10 grandes obras y gobierno de Buenos Aires.

( ) Buenos Aires hasta 2010 y Buenos Aires globalizada.

¡DALE!

En grupos:

1. Investiguen: ¿cuáles fueron las últimas 10 grandes obras públicas hechas en la ciudad donde viven?

2. Expliquen y califiquen cómo son los medios de **transporte público** en la ciudad: metro (o subtes); autobuses (o colectivos); trenes; taxis; moto-taxis.

ANOTACIONES

_____

_____

_____

_____

_____

¿Problemas urbanos?

¡MIRA!

¿Qué hay de semejante entre ciudades como São Paulo, Nueva York y Buenos Aires?

Intrépidos en motos sanitarias

Por las calles del microcentro porteño comenzaron a circular moto-ambulancias, pensadas exclusivamente para andar por esa zona de la ciudad. ¿Habrá subido también el riesgo salud?

Por Vicente Battista

Gente al borde de la terapia intensiva hay en todo el mundo, pero ningún sitio del mundo supera la cifra de Buenos Aires. No es una conclusión empírica, se fundamenta en las ambulancias que circulan por las calles porteñas. Eso se nota y, sobre todo, se oye. Noche y día oímos el exasperado aullido de sus sirenas pidiendo paso. Debemos ser la primera ciudad de la Tierra con el mayor número de ambulancias en movimiento. Estamos lejos de ser líderes en Salud Pública, pero no creo que haya quien nos gane en ruido y velocidad.

Cuando vi *Vidas al límite*, la película de Martin Scorcese, pensé que Nueva York también nos había superado en eso. En aquella película Nicholas Cage interpreta a un paramédico que se la pasa casi todo el día a bordo de una ambulancia. Va de una punta a otra de la Gran Manzana recogiendo cuanto accidentado encuentra por el camino.

Claro que aquella era una sola ambulancia. Las nuestras, por el contrario se multiplican como el

Stock Xchng

pan y el vino bíblicos. Y todas hacen sonar sus sirenas. No recuerdo que el aullido de las ambulancias de Nueva York fuese uno de los sonidos de esa ciudad. Tampoco las oí en Roma y en Florencia, en Barcelona y en Madrid, en París, Londres, Viena o Praga.

Debemos ser la primera ciudad de la Tierra con el mayor número de ambulancias en movimento

Esto, sin embargo, es una mera conjetura. Para llegar a una conclusión irrebatible habría que realizar un trabajo de campo. Ir a cada uno de esos sitios, ignorar el MOMA, el Coliseo y la Galleria degli Uffizi; el Museo del Prado y la Sagrada Familia; el Centro Pompidou y el Palacio de Buckingham; el edificio de la Opera y la sinagoga Antigua y dedicar los días y las noches a recorrer las calles de las diferentes ciudades, atento al paso de las ambulancias. No creo que sea necesario ese sacrificio. Sin salir de casa, me atrevo a insistir que Buenos Aires es la ciudad con más ambulancias en movimiento del mundo.

Pero aún falta lo peor. Un nuevo tipo de emergencia médica comenzó a circular por las calles porteñas: la moto-ambulancia o la ambulancia-moto, como se prefiera. Las conduce un médico o un paramédico. El hombre lleva uniforme y usa casco protector. El instrumental de urgencia se supone que va en el interior de un maletín que cuelga a un costado de la moto. Supe que esas moto-ambulancias han sido pensadas para circular exclusivamente por las calles que comprenden el micro centro. Esas calles suelen estar abarrotadas de vehículos blindados y

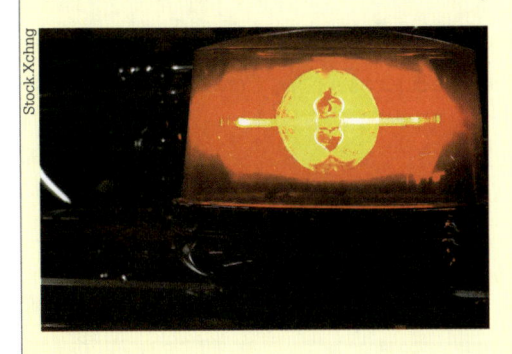

Stock.Xchng

de peatones ansiosos por el devenir de la Bolsa y las subas o bajas del riesgo país. Ante cualquier urgencia, una ambulancia tradicional difícilmente puede pasar por allí. Es cuando entran en acción las motos-ambulancias.

¿Pero qué sucede si se ven en la necesidad de trasladar al paciente?

No creo que lo ubiquen en el asiento trasero. No imagino a un médico o un paramédico diciendo: "Siéntese con cuidado, abuelo, colóquese el casco y sujétese fuerte de mí, que ya salimos hacia el hospital más cercano".

Necesariamente tendrán que llamar a una ambulancia tradicional, ¿si antes no podía transitar por las calles del microcentro cómo pueden hacerlo después? No tuve respuesta para esa pregunta.

Las ambulancias clásicas, sólidos vehículos de cuatro ruedas, imponen respeto a fuerza de tradición y sirena. No se puede decir lo mismo de estas frágiles motos que se han convertido en la única alternativa posible para esa zona de la ciudad.

Podría pensarse que es otro invento argentino, como el colectivo y el dulce de leche. Nada de eso. Del mismo modo que hay dudas acerca del colectivo y del dulce de leche, las hay acerca de las moto-ambulancias. Está debidamente probado que durante la Segunda Guerra mundial se utilizaron vehículos parecidos. Se sabe que motos BMW, Triumph y Norton atravesaban los campos de batalla, audaces y temerarias, con el peligro a la vuelta de cada esquina. Si bien no estamos en guerra, el microcentro porteño se parece mucho a un campo de batalla. Las marcas de las motos sanitarias son las mismas de la Segunda Guerra mundial y es similar del peligro que corren los médicos y los paramédicos que viajan en ellas. Caer enfermo en el microcentro tiene sus riesgos; el noble arte de curar, también.

Vicente Battista es escritor, dramaturgo y periodista. En 1995 su novela Sucesos argentinos ganó el Premio Planeta.

Revista Viva, Buenos Aires: Clarín, ago. 2001.

¡ACÉRCATE!

1. El texto de Battista tiene una tesis: Buenos Aires es la ciudad del planeta con más ambulancias en movimiento. ¿Qué datos tiene para eso? ¿Son datos seguros o es una sospecha del autor? ¿Cómo lo sabemos?

2. Explica el sentido de las expresiones en el texto:
   – microcentro:

   – porteño:

   – conclusión empírica:

   – pedir paso:

   – subas y bajas del riesgo país:

3. ¿Qué significa "aullido" en el texto? ¿Qué otros sentidos puede tener? Da unos ejemplos.

4. ¿Cuáles son las marcas de las moto-ambulancias de Buenos Aires? ¿Conoces esas marcas? ¿De dónde són?

¡OJO!

En el texto, Vicente describe cómo sería una escena absurda en que un médico le pide a una persona mayor que suba en su moto para ir al hospital. Él describe la escena usando un recurso que ya conoces: el discurso directo, o sea, reproduciendo exactamente cómo sería la frase dicha por el médico. En las entrevistas, normalmente se usa esa forma, como en:

El Ministro concedió una entrevista ayer para hablar de los problemas de las carreteras estaduales.

R: Señor Ministro, ¿ quién va a administrar las carreteras del país?

M: Las carreteras estaduales tendrán que ser administradas exclusivamente por los Estados. No siendo posible llegar a un acuerdo, trataremos de tomar medidas judiciales.

En algunas ocasiones, el autor del texto o de la entrevista puede simplemente explicar lo que dijo la persona y para eso usa el discurso indirecto, como en el ejemplo:

El Ministro de los Transportes dijo ayer que las carreteras estaduales tendrían que ser administradas exclusivamente por los Estados. Según el Ministro, no siendo posible llegar a un acuerdo, el gobierno trataría de tomar medidas judiciales.

Como ves, casi siempre son necesarias algunas alteraciones.

AHORA TÚ...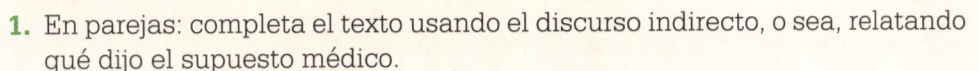

1. En parejas: completa el texto usando el discurso indirecto, o sea, relatando qué dijo el supuesto médico.

No me imagino un médico o paramédico diciendo a un abuelo que se sentara con cuidado, ...

_____

_____

_____

_____

_____

¡DALE!

En equipos:

1. Investiguen en un Atlas o con un profesor de geografía y ubiquen en cada país las ciudades y sitios citados por Vicente Battista:

a) Nueva York; Roma y Florencia; Barcelona y Madrid; París; Londres; Viena; Praga.

b) MOMA; Coliseo y la Galleria degli Uffizi; Museo del Prado y la Sagrada Familia; Centro Pompidou y el Palacio de Buckingham; el edificio de la Opera; y la Sinagoga Antigua.

Sagrada Familia (templo inacabado de A. Gaudí).

2. Discutan y contesten:

   a) Por lo que dice Vicente Battista, ¿se puede afirmar que él cree en la eficiencia de las moto sanitarias en casos más graves? Justifiquen su respuesta.

   b) Hoy día, ¿para qué son usadas las motocicletas? ¿Qué otros usos puede tener una moto en una gran ciudad?

ANOTACIONES

PARA CURIOSEAR

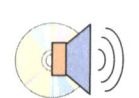

El Central Park en Manhattan, Nueva York. Es el pulmón verde más filmado del mundo y cada año 25 millones de personas lo visitan. Este oasis en la jungla de asfalto neoyorquina ocupa el 6% de la superficie de la isla de Manhattan con 6 hectáreas de agua, 101 de césped y 55 de bosques poblados por 275 especies de aves migratorias.

Fernando S. Aldado

Si se caminaran todos sus senderos se recorrerían casi 94 kilómetros. Los turistas prefieren conocerlo en mateo o bicicleta, pero muchos norteamericanos inician el día corriendo los 2,5 kilómetros alrededor de las aguas del lago Jacqueline Kennedy Onassis. De sus siete fuentes ornamentales, la de Bethesda es la más popular: La cita obligada de los chicos es en el Wildlife Center, un Zoo que recrea el hábitat natural de los animales.

LA NACIÓN. Buenos Aires, 2005. Domingo.

¡Mira!

¿Qué tiene que ver esa foto con el mundo urbano?

Submundo sin medida

Leonardo Torresi

Lo levanta del suelo con sumo cuidado y lo contempla – parece posible interpretar el gesto – con respeto. "A este lo usan para cazar elefantes", ilustra el policía, y deja otra vez el artefacto en el piso. Un fusil de estas características, calibre 7.62, con eficiente mira telescópica, puede llegar a valer unos 5.000 dólares. Pero el que nos acaban de exhibir sólo está disponible para su foto de despedida. Fue un arma ilegal en la calle, ahora es un arma detectada y en depósito estatal. Si los mecanismos de rigor funcionan con celeridad, a la brevedad un imán gigante le levantará en un racimo y la arrojará adentro de un horno de fundición. Otras 400 armas también reposan en este hirviente playón de la Policía Bonaerense, en La Plata.

Basta de Armas

Morón se suma al Plan Nacional de Entrega Voluntaria de Armas de Fuego

La entrega es **Voluntaria y Anónima**

A cambio se otorgará un **incentivo económico.**

En ningún caso tener un arma es lo mejor para tu familia. Si querés protegerla, entregalas.

La entrega se realiza en: Subsecretaría de Seguridad y Defensa Civil y Control Comunal del Municipio de Morón. Casullo 320 Sábados de 9 a 15 hs. Tel.: 4483-2127 0800-666-6766 (DIR)

Municipio de Morón RENAR (Registro Nacional de Armas) Red Argentina para el Desarme

MUNICIPIO DE **MORON**

Definitivamente más pobres, oxidadas y sin tanto porte, tendrán el mismo destino. El Registro nacional de Armas lleva contabilizada la destrucción de unas 55.000 armas secuestradas y pensaba orillar las 60.000 durante este verano. Más de 1.200.000 armas están con los papeles en regla en manos de particulares. Pero, muchas veces en contacto, existe un mercado negro que, en números, puede alcanzar las mismas proporciones. Son estimaciones. Es un submundo sin medida.

Revista Viva, Buenos Aires: Clarín, ene. 2005, p. 24.

¡ACÉRCATE!

1. Tras leer el texto, podemos identificar: *primero* la narrativa de una escena, *después* la presentación de algunos datos, y, *por último*, la expresión de la opinión del autor del editorial. Identifica y apunta cada parte del texto:

    I. Desde "_____" hasta "_____"

    II. Desde "_____" hasta "_____"

    III. Desde "_____" hasta "_____"

2. Con la ayuda de un dicionario, resuelve:

    a) Explica el sentido de las palabras y expresiones del texto:

    – racimo:

    _____

    – hirviente playón:

    _____

    – bonaerense:

    _____

    – papeles en regla:

    _____

    b) Explica qué quiere decir el autor del texto por:

    a) *Pero el que acaban de exhibir sólo está disponible para su foto de despedida.*

    _____

    _____

    b) *Si los mecanismos de rigor funcionan con celeridad...*

    _____

    _____

    c) *... tendrán el mismo destino.*

    _____

    _____

    d) *Pero, muchas veces en contacto, existe un mercado negro que, en números, puede alcanzar las mismas proporciones.*

    _____

    _____

    _____

3. Relaciona los números con su referente en el texto:

(1) 7.62   (   ) armas encontradas en Buenos Aires.
(2) 5.000   (   ) calibre de un rifle.
(3) 400   (   ) armas regulares.
(4) 55.000   (   ) dólares.
(5) 1.200.000   (   ) armas secuestradas.

4. Explica a qué se refieren las seguientes expresiones en el texto:

– lo levanta

_____

– lo contempla

_____

– lo usan

_____

– el que

_____

– su foto

_____

– la levantará

_____

– la arrojará

_____

– más pobres

_____

– más oxidadas

_____

– tendrán

_____

¡DALE!

En grupos:

Busquen en periódicos, revistas y otros medios, algunos datos sobre la campaña del desarme en Brasil y compárenlos con las cifras señaladas en el texto para la ciudad de Buenos Aires, el país y el mundo.

Roosewelt Pinheiro / Agência Brasil

La campaña del desarme en Brasil.

Número de fuego

550 **millones** de armas pequeñas circulan a nivel mundial, según se calcula.

250 **millones** de esas armas, se estima, circularían en el circuito ilegal de armamentos.

22 **mil** personas solicitaron este año el permiso para usar armas en la Argentina. En total, hay 620 mil usuarios autorizados.

260 **trámites** de tenencia es el promedio diario en el RENAR.

54 **mil** es el total de armas ilegales destruidas por el Registro Nacional de Armas.

107 **mil** armas con pedido de secuestro tiene contabilizadas el Registro bonaerense.

500 **pesos** cuesta una pistola 22 de fabricación nacional en un armería habilitada.

300 pueden pagar los delincuentes para alquilar un fusil en el mercado negro.

Revista Viva, Buenos Aires: Clarín, ene. 2005, p. 24.

¡MIRA!

Observa el dibujo y el titular e intenta decir de qué trata el texto.

Ciudades: tierra de todos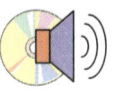

Por Ana Laura Pérez

Saskia Sassen, socióloga de la Universidad de Chicago, sostiene que la globalización se entiende cuando se estudia a las ciudades y a su gente.

¿Por qué para analizar la globalización hizo foco en las ciudades?

Porque el de la ciudad es un ambiente espeso, complejo, un poco anárquico en el que se encuentran toda una serie de indicios de la globalización que no vería si me fijara simplemente en el FMI, la Organización Internacional de Comercio o los mercados financieros. A mí me interesa ver cuando la

globalización aterriza (como cuando el Fondo llega a un país y hace desastres) y la realidad se vuelve compleja porque hay resistencias y fricciones.

Usted escribió que son los ciudadanos los que modifican a sus ciudades, cuando la experiencia de millones de personas indica lo contrario.

Lo que quise decir es que no es sólo aquella persona u organismo que tiene poder el que genera transformaciones. Que también los sin poder hacen Historia, aunque de manera distinta que una gran empresa que empieza a construir edificios. Me gusta ir a la ciudad, porque allí entiendo el poder de la globalización al mismo tiempo que la complejidad de los que sin poder resisten y cambian la trayectoria de ese poder.

Revista Viva, Buenos Aires: Clarín, nov. 2004, p. 54 ,Sección Pensamiento.

¡ACÉRCATE!

1. En la entrevista hecha por Ana Laura Pérez con Saskia Sassen, de la Universidad de Chicago, la socióloga contesta a dos cuestiones hechas por la periodista, sosteniendo que la globalización es mejor entendida si estudian las ciudades y a su gente. Busca ayuda con el profesor de Sociología o Historia, consulta un diccionario y luego discute con tus compañeros y después contesta:

   a) ¿Qué entiendes por "globalización"?

MIKE MILLER/SCIENCE PHOTO LIBRARY/SPL DC/Latinstock

   _____

   _____

   _____

   b) ¿Qué quiere decir la socióloga con:

   ... ambiente espeso, complejo y un poco anárquico...

   _____

   ... el Fondo llega a un país y hace desastres...

   _____

   ... resistencia y fricciones...

   _____

   ... los sin poder hacen Historia...

   _____

¡OJO!

Recuerda las explicaciones sobre el discurso directo e indirecto.

AHORA TÚ... ● ● ● ● ● ● ● ● ● ●

Reescribe la entrevista usando el discurso indirecto. Algunas alteraciones deben ser hechas, pues estarás usando la tercera persona y no la primera.

Para analizar la globalización, Saskia hizo foco en las ciudades porque, para ella, el ambiente de la ciudad es espeso, complejo y un poco anárquico en el que se encuentran toda una serie de indicios de la globalización que no vería si se fijara simplemente en el FMI, la Organización Mundial del Comercio o los mercados financieros. A ella...

_____

_____

_____

_____

_____

_____

_____

¡DALE!

En grupos:

1. Investiguen (con la ayuda del profesor de Sociología, Historia o Geografía) y contesten: ¿Conocen las instituciones citadas por la socióloga? ¿Qué significan sus siglas? ¿Cómo participan de las políticas económicas de los países? Explíquenlo dando un ejemplo: FMI y OMC.

2. ¿Qué les parece la idea de Saskia de que los sin poder también hacen Historia? ¿Cómo pueden ocurrir las resistencias al poder de la globalización y los cambios de la trayectoria del poder? Discutan con sus colegas y profesores y busquen un ejemplo en revistas, periódicos, o en la tele. Puede ser en Brasil o en el mundo.

ANOTACIONES

_____

_____

_____

_____

_____

PARA CONSULTAR

Aquí tienes el significado de algunas expresiones usadas en los textos de esta unidad :

Dadas:

– del verbo dar.

– con el sentido de '*establecidas, dichas, conocidas*'.

En suma:

– tienen el sentido de referirse a todo lo dicho anteriormente en forma de síntesis o de conclusión.

Sin embargo:

– contradice lo dicho anteriormente.

Tampoco:

– añade algo más a lo que fue negado anteriormente.

Ante:

– tiene el sentido de 'delante de'.

Debidamente:

– tiene el sentido de '*adecuadamente*'.

Si bien:

– propone una duda sobre lo que fue dicho anteriormente.

Pretéritos:

Indefinido: acciones acabadas (estuve).

Perfecto: acciones acabadas en unidades de tiempo no acabadas (he estado).

Imperfecto: acciones frecuentes en el pasado (estaba).

QUIEJU, Salvador Reanda. **Curandero**. (Detalle). (Guatemala).

Salud y relaciones humanas

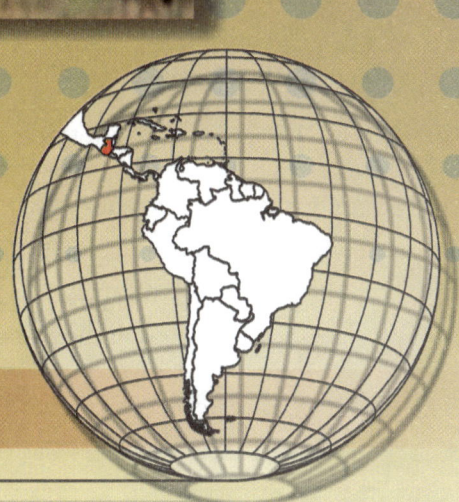

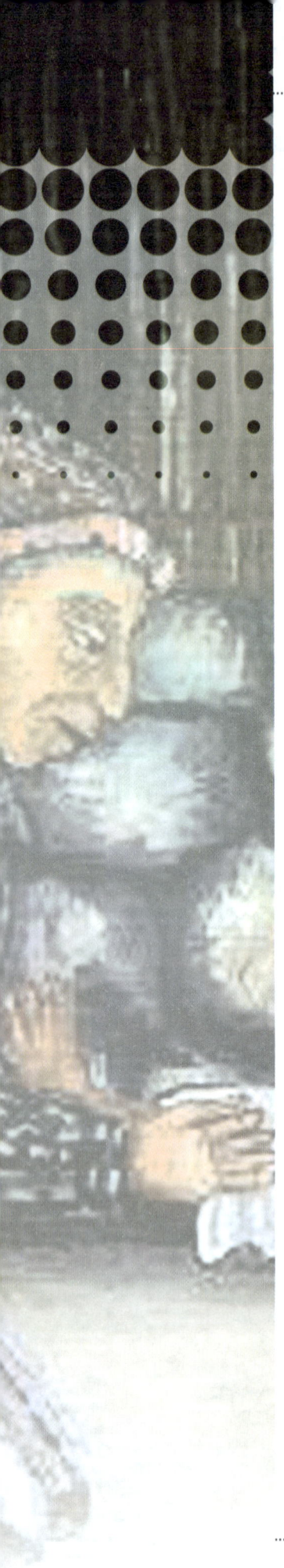

Salud y relaciones humanas

¿Te parece fácil cuidar de la salud? ¿Cómo llegar a tener una alimentación sana? ¿Es realmente importante hacer ejercicios físicos, no fumar, no beber con frecuencia, dormir bien... etc? ¿Por qué algunos investigadores afirman que el café no hace mal y otros avisan que es perjudicial?

Salud y alimentos funcionales

 ¡MIRA!

¿Qué te parece?

¿Fruta o vegetal?

Corel Stock Photos

Según la botánica, no caben dudas de que el tomate es una fruta. Pero siempre se lo ha agrupado con los vegetales, y un manual de historia cuenta que la Corte Suprema de EEUU una vez aseguró que lo era en un juicio por patentes.

Sea como fuere, el tomate es nativo de América, donde lo cultivaron aztecas e incas 700 años después de Cristo.

Cuando los conquistadores europeos se llevaron semillas de tomate al Viejo Continente, y las hicieron germinar, nadie se entusiasmó demasiado. Temían que fuera venenoso. Pero el sol mediterráneo le iba tan bien al cultivo que terminó por imponerse, especialmente en España, Italia y Portugal.

Los franceses lo llamaron "la manzana del amor", por atribuirle propiedades afrodisíacas, y los alemanes, "la manzana del paraíso", por igual motivo. Hoy, su buena reputación se debe más bien a sus excelsas cualidades nutricionales.

No sólo son una fuente excelente de vitamina A y C, hierro, potasio y fósforo; también están llenos de antioxidantes como el licopeno, que podrían ayudar a prevenir en un 60 por ciento el cáncer de colon, recto y estómago, si se consume con mucha frecuencia (siete veces por semana). Un dato clave: el poder antioxidante del licopeno se activa con la cocción o procesamiento (y más aún si se lo acompaña con aceite de oliva). Por eso, aunque suene extraño, hasta es nutritivo el ketchup comprado en el súper.

El tomate es rico en fibra y poco calórico: uno mediano tiene alrededor de 35 calorías.

La mejor manera de guardar los tomates es fuera de la heladera, sin contacto directo con el sol. Guardarlos en la heladera puede arruinar su textura.

Revista Viva, Buenos Aires: Clarín, ene. 2004.

¡ACÉRCATE!

1. Señala las alternativas incorrectas:

( ) Para los estudiosos de la botánica, el tomate es una fruta.

( ) En EEUU hubo una audiencia jurídica porque alguien quería patentear el tomate.

( ) En EEUU, un manual de historia cuenta que el tomate fue considerado una fruta por la Corte Suprema.

( ) El tomate es nativo de América y por lo tanto es norteamericano.

( ) El tomate es una planta originaria del continente americano y fue cultivado por los incas y aztecas, mucho tiempo antes de que llegasen los colonizadores europeos.

2. Reescribe las proposiciones correctas uniéndolas en un único parrafo, usando los conectores "así" y "pues".

• Más o menos 700 años antes del descubrimiento de América los índios ya plantaban el tomate como alimento.

• Los conquistadores llevaron semillas de tomate a Europa, pero poca gente creía que fuese un alimento tan bueno.

• Los europeos no creían que el tomate fuese venenoso.

• Los pueblos que más cultivaron el tomate en Europa fueron el español, el italiano y el portugués.

• El tomate se cultiva bien en la región del mar Mediterráneo.

_____

_____

_____

_____

_____

_____

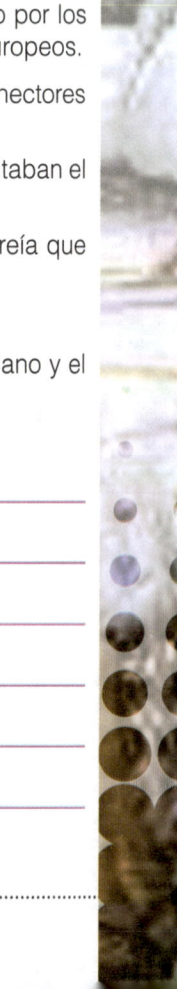

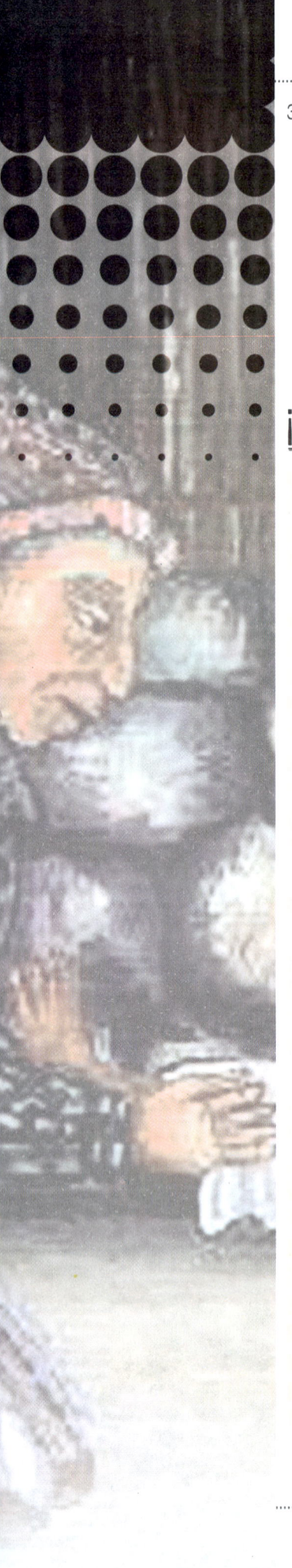

3. Señala las informaciones correctas:

( ) Los franceses y los alemanes creían que el tomate era un alimento cultivado en África.

( ) Los franceses y los alemanes le dieron nombre de fruta por creer que el tomate era pariente de la manzana.

( ) Hoy día el tomate es famoso porque es bueno para el organismo.

( ) Hoy día el tomate es famoso porque no tiene más tantas cualidades nutricionales como antes.

( ) Hoy día se habla bien del tomate porque es una riquísima fuente de sustancias nutricionales como las vitaminas A y C, hierro, potasio y fósforo.

¡OJO!

A. La expresión *según* no tiene que ver con el orden de los elementos, sino que significa que alguien defiende o está de acuerdo con alguna idea. En el texto, la botánica, como ciencia, considera el tomate una fruta. Es distinto de *segundo*; éste sí, se refiere al orden de los elementos.

AHORA TÚ... ● ● ● ● ● ● ● ● ●

Reescribe las frases usando la expresión más adecuada (según/segundo):

• El _____ lugar en la prueba de los 100 metros fue un australiano.

• Por lo que hemos oído y _____ su hermana mayor, su salud requiere cuidados.

• _____ nuestra profesora, el tomate es muy nutritivo.

• No me importa si seré el _____ o el último amor que tengas, pero quiero ser el más importante.

B. El texto cuenta que el tomate era considerado un vegetal, o sea, una legumbre, así como todas las plantas cultivadas en huertos. Anduvo por todo el mundo antes de convertirse en la unanimidad que es hoy día. Lee ahora las frases de abajo:

• **La Corte Suprema de EEUU una vez aseguró que lo era en un juicio por patentes.**

• **Lo cultivaron los aztecas e incas 700 años después de Cristo.**

• **Cuando los conquistadores europeos se llevaron semillas de tomate al Viejo Continente, y las hicieron germinar, nadie se entusiasmó demasiado.**

- **El sol mediterráneo le iba tan bien al cultivo, que terminó por imponerse.**

- **Los franceses lo llamaron "la manzana del amor", por atribuirle propiedades afrodisíacas, y los alemanes, " la manzana del paraíso", por igual motivo.**

Observa que para contar esa "pequeña historia del tomate", el autor usa el tiempo presente, como en "el tomate es nativo de América", y el pasado como en los fragmentos ya destacados.

AHORA TÚ...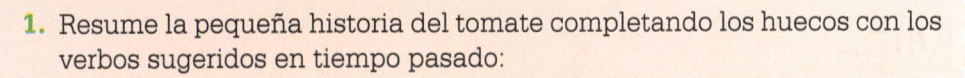

1. Resume la pequeña historia del tomate completando los huecos con los verbos sugeridos en tiempo pasado:

El tomate se _____ (cultivar) primeramente en América, por los aztecas e incas, unos 700 años antes del Descubrimiento. El europeo conquistador lo _____ (llevar) a Europa, y lo hizo germinar, pero ellos no se _____ (entusiasmar) demasiado. El sol mediterráneo le iba tan bien al cultivo, que los tomates americanos _____ (terminar) por imponerse. El pueblo francés lo _____ (llamar) "la manzana del amor", por atribuirle propiedades afrodisíacas, y los alemanes, "la manzana del paraíso", por igual motivo. Aunque hoy la botánica lo considere una fruta, los estadounidenses, cuenta la historia, una vez _____ (asegurar) que era un vegetal en un juicio por patentes.

En grupos:

a) Investiguen sobre los tipos de cáncer que el licopeno del tomate puede prevenir, cuáles son sus síntomas, tratamientos y grupos de riesgo.

b) Escriban un pequeño texto para informar a las personas en general sobre tales enfermedades y divulgar las informaciones en la escuela.

¡MIRA!

Alimentos funcionales

1. Introducción

La principal función de la dieta es aportar los nutrientes necesarios para satisfacer las necesidades nutricionales de las personas. Existen cada vez más pruebas científicas que apoyan la hipótesis de que ciertos alimentos, así como algunos de sus componentes tienen efectos físicos y psicológicos beneficiosos, gracias al aporte de los nutrientes básicos. Hoy en día, la ciencia de la nutrición ha evolucionado a partir de conceptos clásicos, como evitar las deficiencias de nutrientes y la suficiencia nutricional básica, a los conceptos de nutrición "positiva" u "óptima". Las investigaciones han pasado a centrarse más en la identificación de componentes biológicamente activos en los alimentos, que ofrezcan la posibilidad de mejorar las condiciones físicas y mentales, así como de reducir el riesgo a contraer enfermedades. Se ha descubierto que muchos productos alimenticios tradicionales, como las frutas, las verduras, la soja, los granos enteros y la leche contienen componentes que pueden resultar beneficiosos para la salud. Además de éstos, se están desarrollando nuevos alimentos que añaden o amplían estos componentes beneficiosos, por las ventajas que suponen para la salud y sus convenientes efectos psicológicos.

2. ¿Qué son los alimentos funcionales?

El concepto de alimentos funcionales nació en Japón. En los años 80, las autoridades sanitarias japonesas se dieron cuenta de que para controlar los gastos sanitarios, generados por la mayor esperanza de vida de la población anciana, había que garantizar también una mejor calidad de vida. Se introdujo un nuevo concepto de alimentos que se desarrollaron específicamente para mejorar la salud y reducir el riesgo de contraer enfermedades.

Los alimentos funcionales no han sido definidos hasta el momento por la legislación europea. Generalmente, se considera que son aquellos alimentos que se consumen como parte de una dieta normal y contienen componentes biológicamente activos, que ofrecen beneficios para la salud y reducen el riesgo de sufrir enfermedades. Entre algunos ejemplos de alimentos funcionales, destacan los alimentos que contienen determinados minerales, vitaminas, ácidos grasos o fibra alimenticia, los alimentos a los que se han añadido sustancias biológicamente activas, como los fitoquímicos u otros antioxidantes, y los probióticos, que tienen cultivos vivos de microorganismos beneficiosos (Tabla 1, Anexo).

Como respuesta al creciente interés sobre este tipo de alimentos, han aparecido nuevos productos y ahora el interés se centra en la necesidad de establecer normas y directrices que regulen el desarrollo y la publicidad de dichos alimentos.

Tabla 1: Ejemplos de alimentos funcionales

ALIMENTO FUNCIONAL	COMPONENTE ACTIVO	PROPIEDAD FUNCIONAL
Yogures, azúcar	Probióticos: Alimentos con cultivos vivos beneficiosos, como resultado de la fermentación, o que se han añadido para mejorar el equilibrio microbiano intestinal, como el Lactobacillus sp. Bifidobacteria sp Prebióticos: Componente no digerible que tienen efectos beneficiosos, debido a que estimula el crecimiento de la flora intestinal, como la inulina y la oligofructosa.	Mejora de funcionamiento intestinal y equilibrio microbiano intestinal.
Margarinas	Esteres de esteroles y estanoles de origen vegetal añadidos.	Reducen niveles de colesterol LDL (malo). Disminuyen el riesgo de padecer afecciones cardiacas.
Huevos ricos en ácidos grasos esenciales omega-3	Ácidos grasos omega-3.	Control de hipertensión, metabolismo de lípidos.

Disponible en: <http://www.eufic.org/article/es/page/BARCHIVE/expid/basics-alimentos-funcionales>
Acceso en noviembre, 2009.

¡ACÉRCATE!

1. De acuerdo con el texto, los alimentos funcionales son:

   ( ) aquellos que, como las medicinas, contienen sustancias y componentes biológicamente activos, y que, consumidos diariamente, son capaces de curar algunas enfermedades.

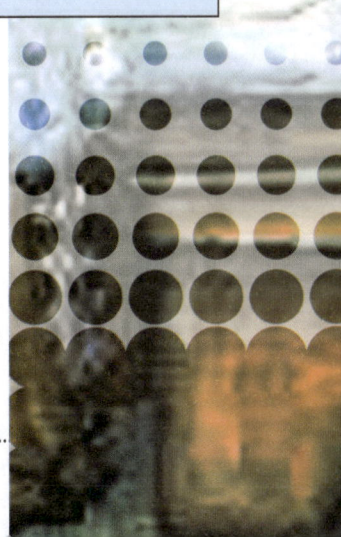

( ) aquellos consumidos diariamente sólo porque se deduce que pueden traer beneficios para la salud y reducir la gravedad de las enfermedades ya adquiridas.

( ) aquellos consumidos usualmente y que contienen sustancias capaces de actuar en el organismo, beneficiando la salud y reduciendo la probabilidad de desarrollar enfermedades.

( ) aquellos consumidos específicamente para desarrollar las defensas del organismo beneficiando la salud y reduciendo el riesgo de contraer cualquier tipo de enfermedades.

2. Los alimentos funcionales son capaces de "aportar nutrientes", que significa:

( ) guardar sustancias nutritivas;

( ) producir sustancias nutritivas;

( ) sacar sustancias nutritivas.

3. Algunos alimentos funcionales son beneficiosos porque poseen sustancias capaces de producir tipos específicos de nutrientes. Relaciona las expresiones con sus posibles definiciones:

a) los fitoquímicos   ( ) mantienen organismos vivos que son beneficiosos para la salud.

b) antioxidantes   ( ) inhiben el envejecimiento por el exceso de oxígeno en el organismo.

c) probióticos   ( ) estimulan la reproducción de bacterias simbióticas en el organismo.

d) prebióticos   ( ) compuestos vegetales que ayudan a combatir enfermedades.

4. De qué otras formas podríamos empezar el enunciado: "Además de éstos, se están desarrollando nuevos alimentos que añaden o amplían estos componentes beneficiosos, por las ventajas que suponen para la salud y sus convenientes efectos psicológicos", sin cambiar el sentido del texto?

( ) "Aparte de éstos, otros alimentos también se están ….

( ) "Entre éstos, se están …

( ) "A pesar de éstos, se están ...

Justifica tu opción:

_____

_____

_____

_____

¡OJO!

Observa la construcción "El concepto de nutrición 'positiva' u 'óptima' fue desarrollado pensando en las deficiencias nutricionales que algunos organismos poseen". Usualmente se usa la "o" para poner dos elementos alternativos en relación, como en:

a) "Alimentos con cultivos vivos beneficiosos, como resultado de la fermentación, **o** que se han añadido para mejorar el equilibrio microbiano intestinal, como el Lactobacillus sp. Bifidobacteria sp", de la tabla1.

b) Además de éstos, se están desarrollando nuevos alimentos que añaden **o** amplían estos componentes beneficiosos, por las ventajas que suponen para la salud y sus convenientes efectos psicológicos.

AHORA TÚ... ● ● ● ● ● ● ● ● ● ●

Discutan en parejas y expliquen el uso de la u entre: "positiva" u "óptima". Consideren otros ejemplos, como "Juan" u Otavio"; "mujer" u "hombre".

¡DALE!

En grupos, discutan y contesten:

1. De acuerdo con el texto, el concepto de nutrición "positiva" u "óptima" fue desarrollado pensando en las deficiencias nutricionales que algunas personas desarrollan en sus organismos. Para desarrollar una nutrición "positiva" u "optima" qué sería necesario hacer?

2. Según el texto, la ciencia nutricional ha descubierto que muchos productos alimenticios tradicionales, como las frutas, las verduras, la soja, los granos enteros y la leche contienen componentes que pueden resultar beneficiosos para la salud. Busquen otros alimentos que pueden ser considerados funcionales hoy día en Brasil y cuáles son sus beneficios.

3. Las autoridades japonesas buscaban controlar los gastos con la salud de la población, generados por la mayor esperanza de vida de los ancianos, garantizando también una mejor calidad de vida. Busquen estadísticas que informen sobre la esperanza de vida (expectativa de vida) de japoneses y brasileños. Escriban un párrafo sobre estos datos.

© TWPhoto/Corbis/Corbis (DC)/Latinstock

ANOTACIONES

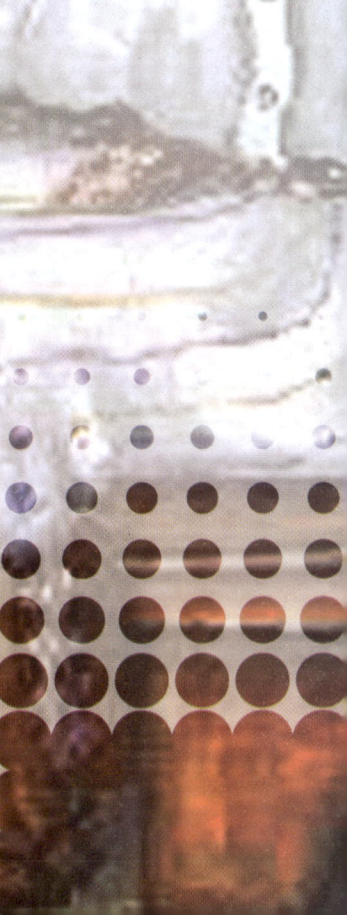

Cuidados personales y la salud

¡MIRA!

¿Qué tipo de texto es éste?

Correo conversado

Stock.Xching

¡Felicitaciones, L.A.L.C.E.C de Quilmes!

El otro día, caminando por la calle Rivadavia de esta querida ciudad me encontré con la Sra. Sarah Barrabino de Elissalt, fundadora de esta institución que desarrolla una fecunda labor desde hace más de 31 años, realizando una intensa campaña de prevención contra el cáncer, atendiendo a quienes carecen de obra social, dando charlas sobre tabaquismo en las escuelas y brindando servicios con la calidez de siempre. Asociarse a L.A.L.C.E.C. es una forma de ayudar a concretar sus planes para proteger la salud de la población. Las puertas están siempre abiertas en Brown 1049. El teléfono de la sede es: 4224-6736.

Revista Viva, Buenos Aires: Clarín, ene. 2004.

¡ACÉRCATE!

1. ¿En qué década fue fundada LALCEC y por quién?

   _____

2. ¿Cómo es la labor de la Sra. Sarah Barrabino? ¿Qué hace ella para ayudar?

   _____

   _____

3. Relaciona las columnas según el sentido en el texto :

   1. Hacer las tareas con dedicación...   ( ) fecunda labor.
   2. Las personas que necesitan...   ( ) quienes carecen.
   3. Trabajo fundamental...   ( ) charlas sobre tabaquismo.
   4. Ponencias sobre la adicción al tabaco... ( ) brindar servicios con calidez.

4. ¿Cuál es la dirección de LALCEC para quien quiera asociarse?

   _____

¡DALE!

En grupos:

Investiguen si hay alguna institución semejante en su ciudad o región. Escriban un pequeño texto con las informaciones que han encontrado sobre ella:

- · Fecha de fundación.
- · Dirección de su sede.
- · Qué servicios ofrece.
- · Teléfono para contacto.

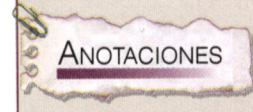

ANOTACIONES

¡MIRA!

¿Qué tipo de texto es éste? ¿A quiénes se dirige?

De eso que no se habla, hablamos todos los días.

El ingenio (o el temor) popular siempre encuentra nuevas maneras para hablar del cáncer sin mencionar la palabra cáncer. En cambio, llamamos a las cosas por su nombre. Y del cáncer hablamos todos os días. No solo eso: también hacemos todos los días.
Con cuatro centros de investigación y cuatro de desarrollo, Oncología es una división que genera constantemente productos oncológicos de avanzada, desarrollados biotecnológicamente cáncer de mama y cáncer de colon, a la medida de cada una de estas enfermedades.

Todo, con la más moderna tecnología. No sólo para combatir la enfermedad, sino también para elevar la calidad de vida tanto de los pacientes como de aquellos que los acompañan.

Por eso hablamos del cáncer. Y por eso trabajamos todos los días.

Revista La Nación, Buenos Aires: LA NACIÓN, oct. 2004. Adaptado.

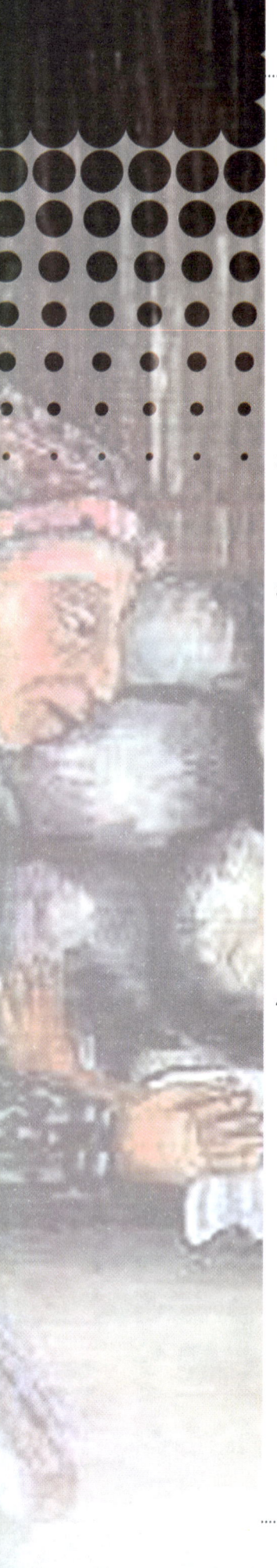

¡ACÉRCATE!

1. El título dice que "de eso que no se habla, aquí hablamos todos los días" porque hace algún tiempo el cáncer era un asunto desagradable y no se decía el nombre de la enfermedad. Se inventaban maneras de decir que la persona se murió de "aquella" enfermedad, sin decir el nombre. Explica, por lo tanto, qué entiendes por *ingenio* en el texto.

   _____

   _____

   _____

2. Explica la expresión *en cambio* y su uso en el texto.

   _____

   _____

3. Discute con tus colegas y contesta:
   a) ¿Cuál es la diferencia entre un centro de investigación y un centro de desarrollo?

   _____

   _____

   b) Explica qué es *Oncología* y por qué tiene ese nombre;

   _____

   _____

   c) Explica qué es *biotecnológicamente*.

   _____

   _____

4. Explica a qué se refieren las siguientes expresiones del texto en el último párrafo:
   * "**Todo**, con la más moderna tecnología".

   _____

   _____

   * "No sólo para combatir la **enfermedad**... ".

   _____

   _____

   * "Mejorar la calidad de vida tanto de los pacientes como de **aquellos** que **los** acompañan."

   _____

   _____

   _____

¡DALE!

Investiguen cuáles son los laboratorios que producen las medicinas que tenemos en casa. ¿Ya han tomado alguna vez el llamado "genérico" en Brasil? Expliquen qué es una medicina "genérica" y las ventajas y desventajas de consumirla.

ANOTACIONES

¡MIRA!

¿De qué trata la foto? ¿Son golosinas o medicinas?

Automedicarse: vademécum del peligro

Corel Stock Photos

En este cuadro se mencionan algunos de los medicamentos que más frecuentemente integran una costumbre argentina: la automedicación.

En la primera columna aparecen genéricamente los fármacos, haciendo prudente reserva de sus nombres comerciales. Pero el lector podrá recordar cuántos frascos de gotas nasales o de antiinflamatorios ha tomado sin control médico; cuántos antibióticos le administró a un hijo, descontando que esta angina de hoy era idéntica a la del año pasado; cuántos hipotensores aconsejó a la vecina, descompuesta tras discutir con una hermana por teléfono.

La segunda columna consiste en un detalle de las más habituales situaciones en que cada tipo de medicamento es utilizado.

La tercera columna se reserva para alertar acerca de las posibles derivaciones de una ingestión sin el control de un profesional. Son esos casos en que la buena voluntad y la desaprensión se asocian para resultar culposas: allí empieza el tiempo de lágrimas.

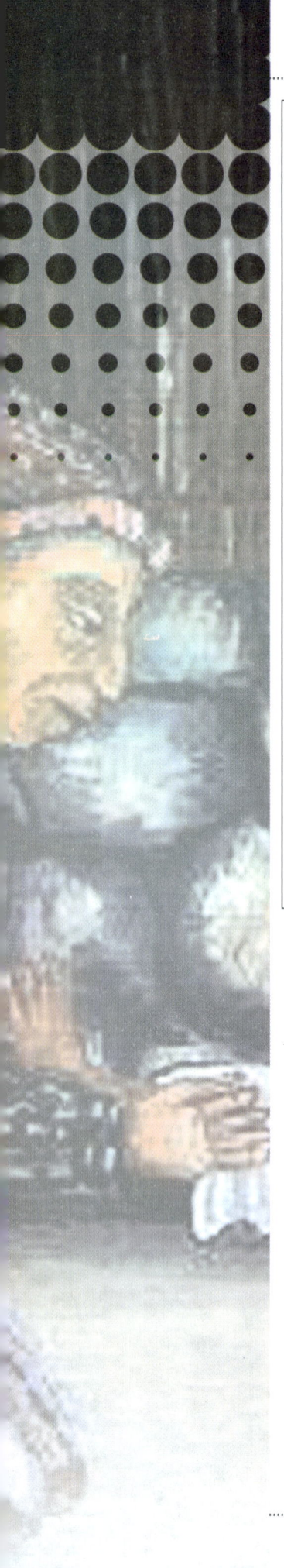

Fármacos	Uso habitual	Efectos colaterales
Antihistamínicos	Alergia, erupciones, congestiones nasales, gripe	Depresión del sistema nervioso central, sueño irregular, excitación nerviosa, peligro al conducir vehículos, accidentes por distracción
Gotas nasales	Congestión nasal	Su uso prolongado produce pérdida del olfato. En bebés puede ocasionar la muerte por shock respiratorio
Antihipertensivos (Reserpina)	Presión alta	Urticaria, síntomas de intolerancia gástrica
Aspirina y otros analgésicos	Fiebre, dolores, reumatismo, ciática	Gastritis, úlceras, insuficiencia renal o hepática, reducción del índice de protrombina (enzima que actúa en la coagulación de la sangre), Síndrome de Reye (puede ser mortal en los niños)
Cafeína (presente en muchos medicamentos y en las bebidas cola)	Tónico cardiaco, estimulante del sistema nervioso	Extracción nerviosa, intranquilidad, irritabilidad (particularmente en los niños)
Anabólicos	Aumento del volumen de la resistencia y del poder muscular	Trastornos de la función hepática y renal. Síntomas de excesiva virilización (especialmente notables en las mujeres). Ronquera. Acné. Trastornos menstruales. Retención de líquidos y sodio. Hipertensión. Riesgo de insuficiencia cardíaca. Cuando se combinan con anticoagulantes, hay frecuentes hemorragias.
Digoxina (tónico cardíaco)	Problemas cardíacos	Si el paciente tiene acidez estomacal y toma cualquier antiácido, disminuye notoriamente la actividad de la digoxina, porque se trata de un medicamento crítico. Los antiácidos también inhiben la eficacia de los hipotensores
Sulfametoxazol-trimetroprima (antibiótico)	Infecciones urinarias, anginas	Reacciones gastrointestinales, cambios hematológicos (disminución de los glóbulos blancos neutrófilos)
Piroxicam (antiinflamatorio)	Artritis, artrosis (procesos crónicos)	Gastritis, úlceras, discracias sanguíneas (alteraciones en la coagulación)

Revista Descubrir, Buenos Aires: Perfil, sep. 1995, p. 93.

¡ACÉRCATE!

1. Contesta según el texto:

   a) ¿Es posible decir que la costumbre de automedicarse de los argentinos es una costumbre sólo de aquel pueblo? Explica tu respuesta.

   _____

   _____

   b) ¿Por cuál expresión puede ser sustituida la palabra "fármacos" sin cambiar el sentido del texto?

   _____

   c) Explica qué serían y a qué se refieren " sus nombres comerciales" en el texto.

   _____

   _____

d) Investiga y explica qué es una angina y para qué son usados los hipotensores.

¡DALE!

En grupos:

1. Investiguen qué significa *vademécum* y expliquen el título del texto.

2. Discutan qué entienden del último párrafo.
    "La tercera columna ... El tiempo de lágrimas."

3. Consulten el cuadro y consideren las tres columnas, señalando las enfermedades que conocen, así como los efectos colaterales de las medicinas. La automedicación es una costumbre muy peligrosa, pero es muy común entre las personas. ¿Qué tipo de medicinas ya has tomado sin la receta de un médico?

5. Busquen saber qué tipo de medicinas hay en sus casas y para qué sirven. Elaboren un recuadro con las medicinas más comunes, y para qué enfermedades sirven y sus efectos colaterales.

ANOTACIONES

¡MIRA!

¿Conoces a los síntomas de la gripe estacional? ¿Ya tuviste esta gripe alguna vez? A ver más datos sobre ella.

Gripe estacional

Abril de 2009

En general
La gripe estacional es una infección vírica aguda causada por un virus gripal.
Hay tres tipos de gripe estacional: A, B y C. Los virus gripales de tipo A se clasifican en subtipos en función de las diferentes combinaciones de dos proteínas

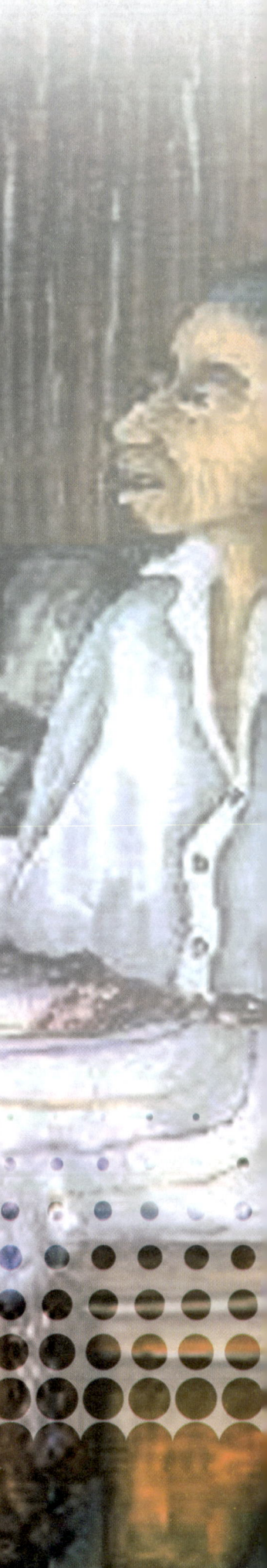

de la superficie del virus (H y N). Entre los muchos subtipos de virus gripales A, en la actualidad están circulando en el ser humano virus de los subtipos A (H1N1) y A (H3N2). Los virus de la gripe circulan por todo el mundo. Los casos de gripe C son mucho menos frecuentes que los de gripe A o B, y es por ello que en las vacunas contra la gripe estacional sólo se incluyen virus de los tipos A y B.

Signos y síntomas

La gripe estacional se caracteriza por el inicio súbito de fiebre alta, tos (generalmente seca), dolores musculares, articulares, de cabeza y garganta, intenso malestar y abundante secreción nasal. La fiebre y los demás síntomas suelen desaparecer en la mayoría de los casos en el plazo

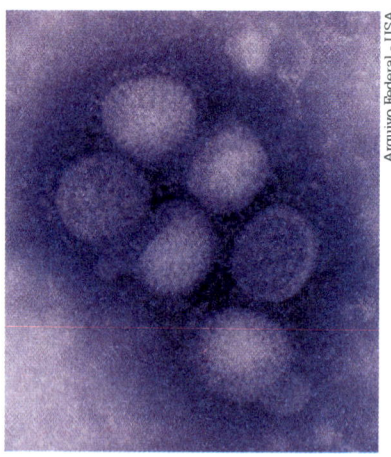

Arquivo Federal - USA

Virus Influenza H1N1.

de una semana, sin necesidad de atención médica. No obstante, en personas con alto riesgo la gripe puede causar enfermedad grave, e incluso la muerte. El tiempo transcurrido entre la infección y la aparición de la enfermedad (el llamado periodo de incubación) es de aproximadamente 2 días.

Grupos de riesgo

Las epidemias anuales de gripe pueden afectar gravemente a todos los grupos de edad, pero quienes corren mayor riesgo de sufrir complicaciones son los menores de 2 años, los mayores de 65 y las personas de todas las edades con determinadas afecciones, tales como inmunodepresión o enfermedades crónicas cardíacas, pulmonares, renales, hepáticas, sanguíneas o metabólicas (por ejemplo, la diabetes).

Disponible en: <http://64.233.163.132/search?q=cache:gQuB7mKeaa0J:www.who.int/entity/mediacentre/ factsheets/fs211/es/index.html+gripe+estacional+datos+y+cifras&cd=1&hl=pt-BR&ct=clnk&gl=br> Acceso en noviembre, 2009.

¡ACÉRCATE!

1. De acuerdo con el texto, pon en orden las informaciones :

    (   ) Las epidemias pueden ejercer gran presión sobre los servicios de salud y tener importantes repercusiones económicas debido a la reducción de la productividad laboral.

    (   ) La vacunación es la forma más eficaz de prevenir la infección.

    (   ) La gripe es un problema grave de salud pública que puede ser causa de enfermedad grave y muerte en poblaciones de alto riesgo.

    (   ) La gripe es una infección vírica aguda que se transmite fácilmente de una persona a otra.

    (   ) La gripe causa epidemias anuales que en las regiones templadas alcanzan su auge durante el invierno.

    (   ) Los virus de la gripe circulan por todo el mundo y pueden afectar a cualquier persona de cualquier edad.

2. Completa el recuadro sintetizando las informaciones del texto:

Enfermedad	
Agente causador	
Grupo de riesgo	
Período de incubación	
Duración normal	
Síntomas	
Complicaciones	

3. ¿Cuáles son las enfermedades que pueden complicarse con la gripe?

_____

_____

4. Por lo que hemos leído, ¿qué es la gripe A (H1N1)?

_____

_____

_____

¡DALE!

En grupos:

1. Busquen más informaciones sobre las demás gripes que están circulando entre los humanos.

ANOTACIONES

_____

_____

_____

_____

_____

_____

_____

_____

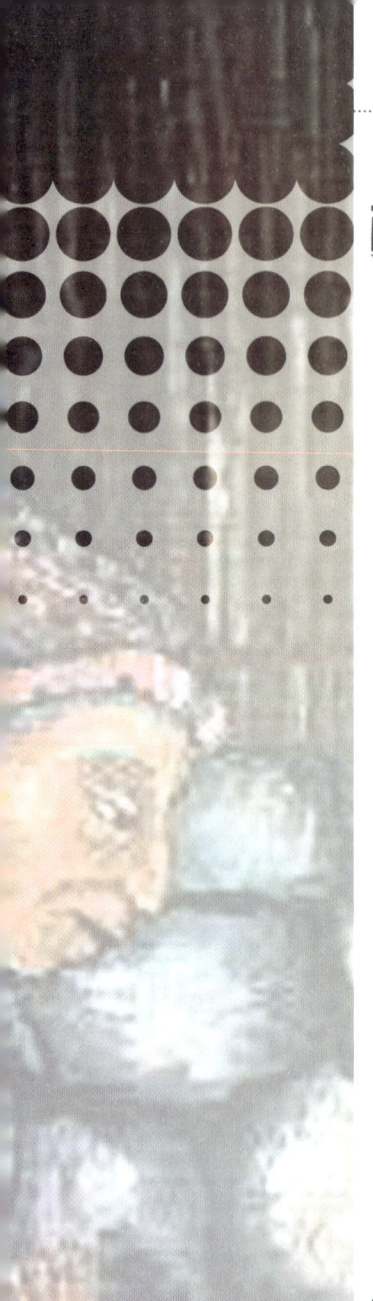

¡MIRA!

¿Para cuál tipo de gripe crees que es la campaña de abajo?

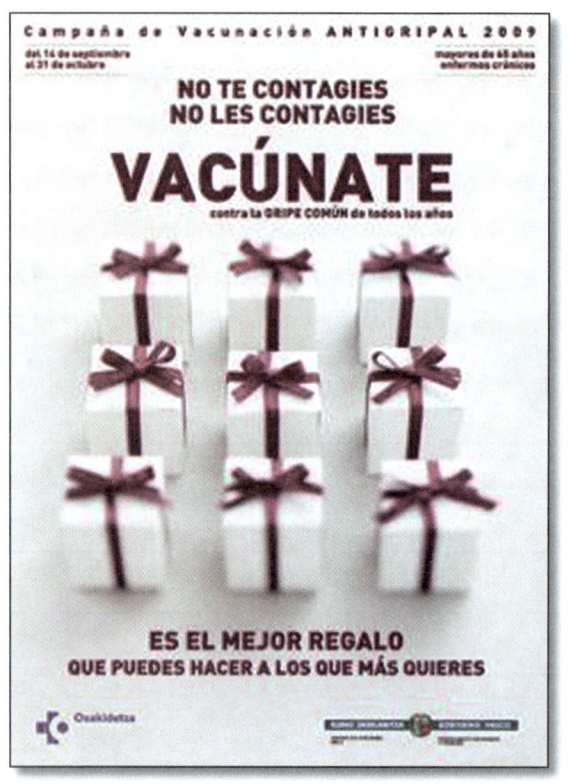

Disponible en: <www.murciasalud.es/archivo.php?id=108330>

¡DALE!

En grupos:

1. Investiguen en qué mes se vacunan a los mayores en Brasil y por qué.

2. Contesten: ¿de dónde puede ser la campaña de arriba?

ANOTACIONES

¡MIRA!

¿De qué trata la campaña de abajo?

Disponible en: <http://www.msal.gov.ar /sarampion/ herramientas.html>

¡DALE!

En grupos:

1. Investiga y completa el recuadro con datos de las enfermedades de arriba:

Enfermedad	
Agente causador	
Grupo de riesgo	
Período de incubación	
Duración normal	
Síntomas	
Complicaciones	

ANOTACIONES

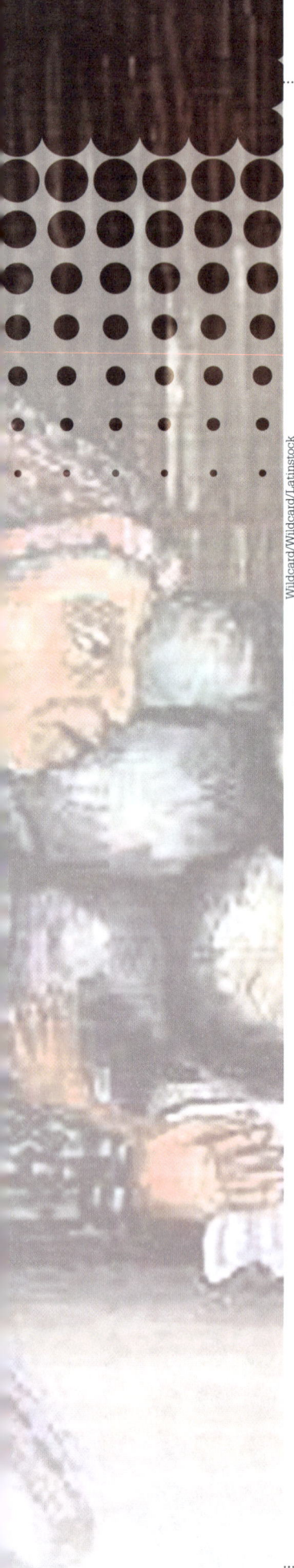

Salud y solidaridad

¡MIRA!

¿Qué sugieren la foto y el título del texto?

Polémica

Por Mario Sebastiani

Wildcard/Wildcard/Latinstock

No nos debe llamar la atención que cada vez sea mayor el número de personas que, ante las limitaciones de la medicina tradicional y alopática, ingresan en el consumo de una medicina alternativa para intentar resolver las dolencias de salud, algunas reversibles y otras irreversibles.

En Estados Unidos se polemiza acerca de los alcances y los beneficios de la plegaria o de los circuitos de plegaria para la mejoría de los pacientes.

Y a diario en nuestro país observamos la reunión de grupos de plegaria a favor de la liberación de las personas secuestradas. Estas prácticas se fundamentan en la aceptación de dimensiones no convencionales de la comunicación, que permitirían una conexión mente-mente a la distancia sin mediadores convencionales. A priori parecería que el tema se hubiera instalado de una manera polémica y pasional, donde la concepción religiosa guarda una vital importancia. Metodológica y científicamente, las investigaciones sobre estos temas pueden ser discutibles, pero tácticamente, la religión, las creencias y las plegarias suelen conformar una escenografía por demás habitual alrededor de las personas que sufren de una enfermedad.

El autor es doctor en medicina y miembro de la Asociación Argentina de Ginecología y Obstetricia Psicosomática.

Revista La Nación, Buenos Aires: LA NACIÓN, oct. 2004, p. 53.

¡ACÉRCATE!

1. Tras leer el texto, señala las partes que lo componen, en el orden en que aparecen:

   (   ) Las oraciones son empleadas tanto para ayudar a enfermos como para ayudar a encontrar a personas secuestradas.

( ) Si la ciencia todavía discute la eficacia de esas prácticas, los hechos muestran que es muy común encontrarlas alrededor de los enfermos.

( ) El uso de las oraciones se hace por comprender que es posible una comunicación entre la mente de las personas sin los medios comunes para eso.

( ) Son cada vez más las personas que buscan soluciones alternativas para sus problemas de salud cuando la medicina tradicional no funciona.

2. Reescribe los fragmentos en que aparecen las expresiones abajo e intenta sustituirlas por otras sin cambiar el sentido del texto, haciendo las alteraciones necesarias:

... ingresan en el consumo...

_____

_____

... dolencias de salud...

_____

_____

... de los alcances y los beneficios...

_____

_____

... a diario...

_____

_____

... sin mediadores convencionales...

_____

_____

3. Explica con ejemplos las expresiones:

a priori: _____

_____

pasional: _____

_____

vital: _____

_____

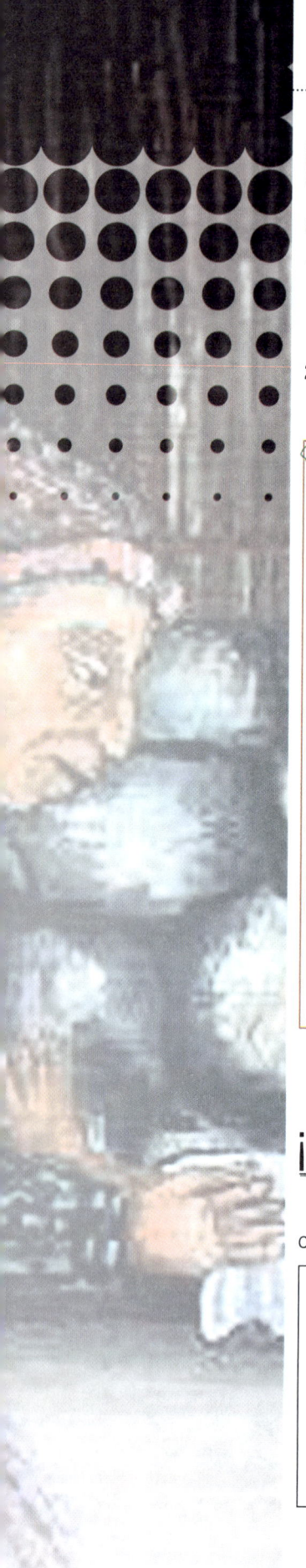

¡DALE!

En grupos:

1. Discutan y contesten:

   a) ¿Qué es la medicina tradicional y alopática?

   b) ¿Qué es la medicina alternativa?

2. ¿Creen, así como el doctor Mario Sebastiani, que este asunto es polémico? Justifiquen su respuesta con alguna situación que hayan vivido o que le ocurrió a alguien conocido.

ANOTACIONES

¡MIRA!

Observando el título y la foto, ¿cuál sería el tema del texto a seguir? Luego, rellena los huecos con las expresiones del recuadro:

también	podríamos	sin embargo	bienestar
quizá	al mismo tiempo	obviamente	estar en el tapete
brindaron	respuesta actual	abarcadores	entre otras cosas

Cuerpo y espíritu

Por Susi Reich

¿Si la oración funciona? No es cuestión de responder sí o no. _____ la mejor respuesta sea "también". En el proceso de la oración están involucrados diversos sistemas, desde biológicos hasta sociales.

En estado de recogimiento, los aparatos respiratorio y cardiovascular disminuyen su ritmo. Se reduce _____ la adrenalina. _____ si la oración es grupal, se produce el llamado contagio. Cada uno de los participantes encuentra referentes que lo ayudan a sentir mayor fortaleza, continencia y posibilidad de resiliencia, capacidad de una persona de hacer las cosas bien pese a las condiciones de vida adversas, _____.

El miedo desaparece. Si en diferentes momentos del día la persona enferma deja de tener miedo e incertidumbre, esto influye benéficamente en su organismo en el nivel biológico, psicológico, emocional y espiritual. _____, por sí sola, la oración no cura. Hay que agradecer a la tecnología médica, a la medicina convencional, que han dado mucho por el _____ de la población. _____, tienen una visión del hombre aún fragmentada.

Si pensamos integradoramente, _____ decir que la oración, la meditación, las técnicas de respiración baja, abdominal, ayudan a mejorar, a sanar, complementando así la medicina tradicional.

Todos estos temas vuelven a _____ en estos tiempos complejos en que vivimos, en los que la visión fragmentada, o incluso reduccionista, de una sola disciplina, así como su modo de actuar, no resultan suficientes para dar cuenta de esta complejidad. Se necesita de equipos de trabajo multidisciplinarios que sean _____ e incluyan desde lo biológico hasta lo social. Y también lo espiritual. Estamos en interfaces de ciencia y espiritualidad.

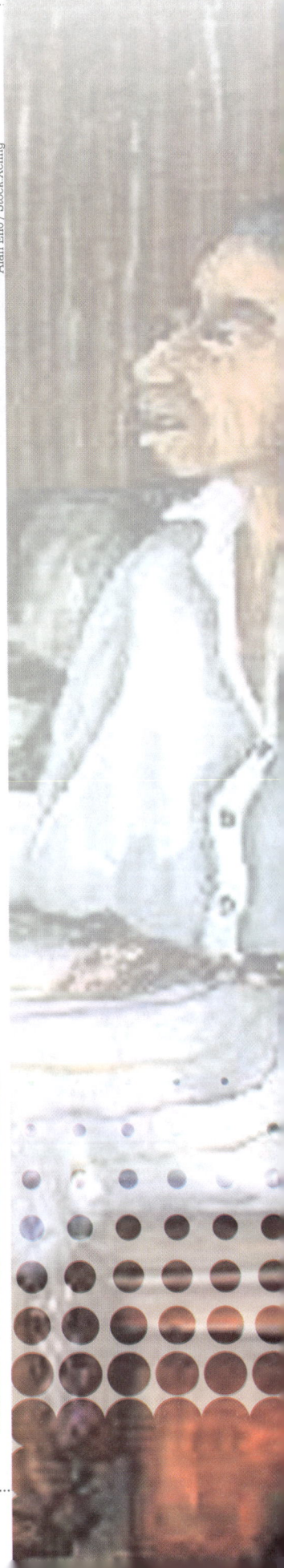

Una _____ a este fenómeno reside en las técnicas de respiración, ya que ésta encarna en el cuerpo y a la vez accede a niveles más sutiles.

Seria bueno que la Argentina tuviera organismos que _____ dinero para investigaciones de este tipo.

La autora es licenciada en psicología y presidenta de la Asociación Argentina de Medicina Integrativa (aami@fibertel.com.ar)

Revista La Nación, Buenos Aires: LA NACIÓN, oct. 2004, p. 55.

¡ACÉRCATE!

1. El texto está dividido en 7 párrafos. Identifica cada uno poniéndolos en orden:

   ( ) Las prácticas alternativas ayudan a la medicina tradicional.

   ( ) La oración sola no cura sin la ayuda de la medicina y la tecnología, pero éstas tienen una visión segmentada de las cosas.

   ( ) Si los argentinos dedicasen más dinero para estudiar estos asuntos sería provechoso para todos.

   ( ) La concentración ofrece disminución de la actividad de los sistemas respiratorio y cardiovascular, y la oración en grupo proporciona una recuperación del sentimiento de fuerza en la persona.

   ( ) Es necesario un estudio que involucre más áreas de conocimiento como el de la respiración abdominal.

   ( ) No se puede decir si la oración funciona, pero ella establece relación con los sistemas biológico y social.

   ( ) En la actualidad se volvió a discutir esas prácticas, pero con la visión limitada de una sola disciplina no se consigue comprender su complejidad.

2. Cambia las expresiones de abajo por las que sugerimos, sin cambiar el sentido del texto, reescribiendo y haciendo las alteraciones necesarias en los períodos destacados:

Mientras...,	Tal vez...,	Así como ...,	Se debe...

   Quizá la mejor respuesta sea "también".

   _____

   Al mismo tiempo, si la oración es grupal, se produce el llamado contagio.

   _____

   Hay que agradecer a la tecnologia médica.

   _____

   Y también lo espiritual.

   _____

¡DALE!

En grupos, discutan con sus compañeros y contesten:

1. ¿Están de acuerdo los textos "Polemica" y "Cuerpo y Espiritu"?

2. Expliquen su respuesta con fragmentos de los textos.

¡MIRA!

¿Qué situación se presenta en la publicidad?

Un médico escuchando el corazón de su paciente.

Porque aquí nuestros médicos garantizan calidad médica y calidez humana.

Lea Paterson/Science Photo Library/Spl Dc/Latinstock

• 37 años de trayectoria • Cobertura nacional e internacional • Cartilla médica con profesionales, sanatorios y centros médicos de primer nivel • Planes a medida • Miembro de la red Internacional Assistance Group • "Programas de prevención y promoción de la salud".

Trayectoria. Calidez humana. Calidad médica.

Argentina-Brasil

EN ARGENTINA. Sucursales Metropolitanas: Recoleta / Belgrano / Caballito / San Isidro / Pilar. Sucursales Interior del país: Córdoba / Mendoza / Salta / Tucumán / Concordia / Mar del Plata / Rosario / Neuquén / Resistencia / Santa Fe. **EN BRASIL**. São Paulo / Rio de Janeiro / Ribeirão Preto / Alphaville. **EN EL MUNDO**.

Revista La Nación, Buenos Aires: LA NACIÓN, oct. 2004. Adaptado.

¡ACÉRCATE!

1. Reescribe el fragmento abajo sin cambiar el sentido del texto, haciendo las alteraciones posibles: "37 años de trajectoria".

2. Explica el uso de la palabra *cobertura* en el texto y da ejemplos de otros sentidos que esa palabra puede tener. Busca ayuda en un diccionario.

3. Explica qué entiendes por *calidad médica* y *calidez humana*.

4. Busca la diferencia entre escuchar/auscultar.

¡DALE!

1. Discutan y contesten: ¿por qué la publicidad enfatiza tanto la calidez humana? Expliquen sus opiniones dando ejemplos de situaciones vividas por ustedes o personas conocidas.

2. ¿Cuál es el sentido de *escuchando el corazón de su paciente* en la publicidad? ¿De qué maneras podemos cuidar del corazón, según la publicidad?

ANOTACIONES

Revista QUO, Madrid, ES, feb. 2005, n. 12, p. 101.

¡ACÉRCATE!

1. Tras leer el texto, contesta.

   a) ¿De qué tipos de ola trata el texto?

   _____

   _____

   b) ¿Cuándo ocurrió la primera ola de que trata el texto?

   _____

   _____

   c) ¿Qué tipo de ayuda se pedía en la época?

   _____

   _____

   _____

   _____

¡DALE!

En grupos:

1. ¿Qué significan los dibujos de la publicidad de la ONU? ¿Consiguen identificar las actividades que representan?

2. Investiguen sobre la más reciente tragedia natural en que la ONU está o estuvo involucrada.

ANOTACIONES

¡MIRA!

¿Conoces esa canción de Jorge Drexler? ¿De qué crees que debe estar hablando? Relaciona su título con el tema de la unidad.

Me Haces Bien

(Jorge Drexler)

Para contarte, canto
Quiero que sepas
Cuánto me haces bien
Me haces bien
Me haces bien
Te quiero de mil modos
Te quiero sobre todo
Me haces bien
Me haces bien
Me haces bien
Basta ver el reflejo de tus ojos en los míos
Como se lleva el frío
Para entender
Que el corazón no miente
Que afortunadamente
Me haces bien
Me haces bien
Me haces bien

Disponible en: <http://www.jorgedrexler.com>

¡ACÉRCATE!

1. Muchas canciones, como los poemas, tienen sus letras en primera persona. Eso no significa que coincide con la persona del autor. Este recurso crea el llamado *yo lírico*. ¿Qué dice el "yo lírico", o sea, el personaje de la canción?

   _____

   _____

2. ¿Crees que es una declaración de amor? ¿Podría ser una manifestación de amistad? Por qué?

   _____

   _____

3. La palabra "sepas" en este texto significa:
   ( ) que comprendas algo.
   ( ) que estés seguro de algo.
   ( ) que dejes de hacer algo.

4. La expresión "te quiero", en español, ¿significa lo mismo que en portugués? Explícalo.

   _____

   _____

5. ¿ Qué quiere decir "afortunadamente"?

   _____

6. Piensa ahora en personas que te hacen sentir así. No necesitas apuntarlo.

7. Observa:

Que el corazón no miente
Que afortunadamente
Me haces bien
Me haces bien
Me haces bien

Pensando en algunas de las personas que pusiste en tu lista, o en todas ellas, escribe una estrofa más para la canción de Drexler:

_____

_____

_____

_____

_____

_____

¡DALE!

En grupos, discutan y contesten:

1. ¿Cuidar de la salud incluye cuidar de las personas y de las emociones o eso no tiene nada que ver?

2. Relaciona todo lo que hemos discutido y leído con la imagen de la apertura de la Unidad. ¿Qué tienen en común?

ANOTACIONES

PARA CONSULTAR

Algunos conectores:

Según: de acuerdo con... *(Segundo: que viene después del primero)*
Obviamente: está claro que...
Mientras: al mismo tiempo...
Quizá: tal vez...

Algunos verbos en el pretérito indefinido:

AR (asegurar)	
-é	aseguré
-aste	aseguraste
-ó	aseguró
-amos	aseguramos
-asteis	asegurasteis
-aron	aseguraron

ER (comer)	
-í	comí
-iste	comiste
-ó	comió
-imos	comimos
-isteis	comisteis
-ieron	comieron

IR (consumir)	
-í	cosumí
-iste	consumiste
ó	consumió
-imos	consumimos
-isteis	consumisteis
-ieron	consumieron

Regla de eufonía:

Se usa "o" entre dos opciones excepto cuando la segunda empiece por "o" u "ho". En este caso se usa "u": *medicinas u oraciones; Pedro u Horacio.*

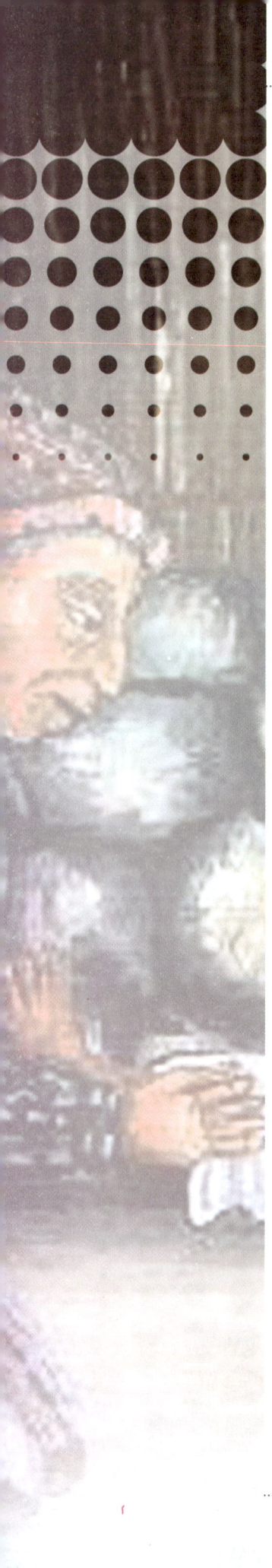

Referencias

ATLAS GEOGRÁFICO ESCOLAR. Rio de janeiro: IBGE, 2002.

BATTISTA, Vicente. Revista Viva. Buenos Aires, 12 ago. 2001. Sección Opinión.

BOM, Rosana. **A saga de Aleixo Garcia**. O descobridor do Império Inca. 2004, p.91-94.

GALEANO, Eduardo. **El libro de los abrazos**. Buenos Aires: Catálogos S.R.L., 2004.

_____. **Memoria del fuego 3**: los nacimientos. Madrid: Siglo XXI, 1986.

_____. **Memoria del fuego 1**: los nacimientos. Madrid: Siglo XXI, 1984.

LA NACIÓN. Clasificados. Buenos Aires, 2005. Enero.

LEÓN-PORTILLA, Miguel. **A conquista da América latina vista pelos índios**. Relatos astecas, maias e incas. 1987, p. 99.

MARCOS MARÍN, Francisco. **Aproximación a la gramática española**. Madrid: Cincel, 1973.

MATTE BON, F. **Gramática Comunicativa del Español**. Madrid, España: Edelsa, 1995, Tomos I y II.

MORENO, Concha; ERES FERNÁNDEZ, Gretel. **Gramática Contrastiva del español para brasileños**. Madrid: SGEL, 2007.

NIK. **Gaturriendo**. Buenos Aires. Sudamericana, 2004, 1 ed.

QUILIS, Antonio et al. **Lengua española**. Madrid: Centro de Estudios Ramón Areces, 1998.

VÁZQUEZ, Germán; MARTÍNEZ DÍAZ, Nelson. **Historia de América Latina**. Madrid: SGEL, 1990.

Revista Descubrir. Buenos Aires: Perfil. sep. 2005. n.6, p. 20-21, 84, 93.

Revista Ecos de España y Latinoamérica. feb. 2004.

Revista Glamour en español. p. 15, ago. 2000.

Revista La Nación. Buenos Aires, p. 71, 9 ene. 2005.

_____. Buenos Aires, p. 44, 53, 55, 31 oct. 2004.

_____. Buenos Aires, 24 oct. 2004.

_____. Buenos Aires, 19 dez. 2004.

Revista La Nación. Buenos Aires: LA NACIÓN. ene. 2005

Revista Nueva. Buenos Aires: ADI, n. 330, p. 16, 27, 54, 9 nov. 1997.

Revista Quo. Madrid, n. 113, p. 66, 124, feb. 2005.

_____. Madrid, n. 112, ene. 2005.

Revista Viva: La revista de Clarín. Buenos Aires, 11 ene. 2004.

_____. Buenos Aires, p. 24, 2 ene. 2005. Nota de tapa.

_____. Buenos Aires, 28 dic. 2003.

_____. Buenos Aires, 9 nov. 2003.

_____. Buenos Aires: Clarín, ago. 2001.

_____. Buenos Aires: Clarín, ene. 2008.

http://www.tihof.org./honors/malinche-esp.htm

http://www.elcultural.es

http://www.nodulo.org./ec/2004/n033p24.htm

http://www.lanacion.ar

http://www.oit.org.pe/index.php?option=com_content&view=article&id=234:se-buscan-mas-de-3-millones-de-empleo&catid=200:oficina-del-director

http://www.un.org./spainish/millenniumr

http://www.muyinteresante.es

http://www.html.rincondelvalgo.com/deporte-como-actividad-economica.html

http://www.protocolo.org./gest_web/proto_Seccion.pl?arefid=1779&rfID=182

http://www.clarin.com

http://www.lamuraya.com/2009/05/la-urbanidad

http://www.eufic.org/artcle/es/page/BARCHIVE/expid/basics-alimentos-funcionales

http://64.233.163.132/search?q=cache:gQuB7mKeaa0J:www.who.int/entity/mediacentre/factsheets/fs211/es/index.html+gripe+estacional+dados+y+cifras&cd=1&hl=pt-BR&ct+clnk&gl=br

http://www.cienciahoy.org.ar

http://murciasalud.es/archivo.php?id=108330

http://es.wikipedia.org

http://www.msal.gov.ar/sarampion/herramientas.html

http://www.jorgedrexler.com